Chef Cecilia Fassardi

ALBATROS
TUS MARAVILLAS

Coordinación: María Laura Martínez
Edición: Cecilia Repetti
Diseño: Leda Rensin
Fotografía: Juanjo Bruzza
Producción fotográfica: Graciela Boldarín
Ilustración: Darío Salvi

EL GRAN LIBRO DE LOS PEQUEÑOS COCINEROS

1ª edición - 2ª reimp - 2500 ejemplares
Impreso Pausa Impresores S.R.L
Av. Belgrano 2460, Avellaneda, Provincia de Buenos Aires.
Septiembre 2015
Impreso en la Argentina

J. Salguero 2745 5° - 51 (1425)
Buenos Aires - República Argentina
E-mail: info@albatros.com.ar
www.albatros.com.ar

ISBN 978-950-24-1349-5

Fassardi, Cecilia
El gran libro de los pequeños cocineros / Cecilia Fassardi ; ilustrado por Darío Salvi. - 1a ed. - 2a reimp - Buenos Aires : Albatros, 2015.
96 p. : il. ; 26x21 cm.

ISBN 978-950-24-1349-5

1. Libros de Cocina. 2. Recetas. I. Darío Salvi, ilus. II. Título
CDD 641.5

Se ha hecho el depósito que marca la ley 11.723.

LIBRO DE EDICIÓN ARGENTINA

Queridos cocineros

Estoy muy contenta y feliz de poder compartir este libro con ustedes. Cada una de las recetas fue seleccionada teniendo en cuenta la opinión de los cocineritos que aprenden a cocinar en mi escuela regularmente durante todo el año y preparan un montón de sabrosas comidas.

Así estos platos de comida preferidos por los chicos quedarán impresos para siempre en estas páginas a través de recetas atractivas y divertidas de preparar.

A la hora de leer los ingredientes y los utensilios y de realizar las recetas paso a paso, aprenderán algunos conceptos de nutrición, nociones matemáticas y sobre la química de los alimentos y normas de seguridad e higiene en la cocina. También les ayudará a desarrollar la paciencia, el autocontrol, algunas habilidades motrices, la fuerza, la resistencia y, por sobre todas las cosas, descubrirán la creatividad que hay en cada uno de ustedes.

Como verán, son muchos los conocimientos, que sin darnos cuenta, adquirimos a la hora de cocinar. Es por eso que los invito a comenzar ahora mismo. ¡Espero que disfruten mucho!

Con mucho cariño
Chef Cecilia Fassardi

La pirámide nutricional

La alimentación

La alimentación es una necesidad básica. Si un niño se alimenta indebidamente, aparecen alteraciones en su organismo y con el tiempo, pueden producirse alteraciones en el crecimiento, en el aprendizaje y en las funciones del organismo, etc.
No hay alimento que contenga todos los nutrientes que se necesitan.
Algunos nutrientes sirven para crecer, por ejemplo, las proteínas de la carne; otros dan energía para estudiar y para jugar, por ejemplo, los hidratos de carbono de los fideos; y otros ayudan a estar lindos, con el cabello brillante y con la piel suave, por ejemplo, las vitaminas de la zanahoria. Por ello, es necesario comer un poco de cada grupo de alimentos para llevar una dieta balanceada y mantenerse sanos.

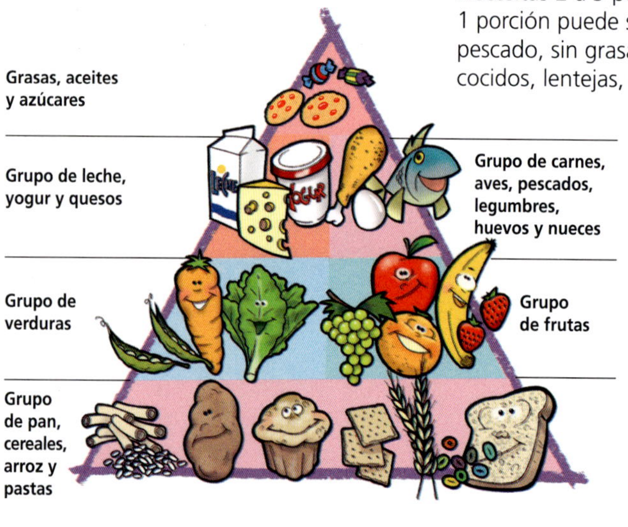

Grasas, aceites y azúcares

Grupo de leche, yogur y quesos

Grupo de carnes, aves, pescados, legumbres, huevos y nueces

Grupo de verduras

Grupo de frutas

Grupo de pan, cereales, arroz y pastas

Las porciones diarias

Para niños de 6 a 8 años.
Aquellos que realizan mucha actividad, que tienen más edad y los preadolescentes (especialmente si están en pleno crecimiento) pueden tener necesidades nutricionales mayores.

Grupo de pan, cereales, arroz y pastas

Necesitás comer de 6 a 11 porciones por día.
1 porción puede ser 1 rebanada de pan, ¾ taza de cereal seco, o ½ taza de arroz cocido, cereal cocido (polenta o vitina) o pasta tipo espagueti, tallarines o fideos, 4 galletitas saladas pequeñas, 2 galletitas de trigo pequeñas.

Grupo de frutas

Necesitás 2 a 4 porciones por día.
1 porción puede ser: ½ taza fruta cocida, en lata o congelada, ¾ taza de jugo de frutas o 1 manzana, banana, naranja, pera o durazno de tamaño mediano.

Grupo de verduras

Necesitás 3 a 5 porciones por día.
1 porción puede ser 1 taza de verduras de hojas crudas, ½ taza de verduras en trocitos crudas o cocidas o ¾ taza de jugo de vegetales (puede ser de zanahorias, tomates, etc.).
* Se recomienda priorizar las verduras crudas a las cocidas, ya que estas conservan todas sus vitaminas y las fibras.

Grupo de leche, yogur y queso

Necesitás 3 porciones por día.
1 porción puede ser: 1 taza de leche descremada o 1 y ½ taza de yogur descremado, 45 gramos de queso bajo en grasa, o 1 taza de flan hecho con leche descremada.

Grupo de carnes, aves, pescado, legumbres, huevos y nueces

Necesitás 2 a 3 porciones por día.
1 porción puede ser: 60 o 90 gramos de carne de vaca, ave o pescado, sin grasa y sin hueso, o 2 huevos o 1 taza de porotos cocidos, lentejas, garbanzos o porotos de soja.

Grasas, aceites y azúcares

Con moderación, tratá de no comer comidas con mucha grasa, aceite o azúcar. Esto te provee de muchas calorías, pero poco o nada de vitaminas o minerales.

Es importante comenzar el día con un buen desayuno que te dará la energía para pensar mejor y trabajar bien en la escuela.

Código de los cocineritos

Higiene

Lavate bien las manos antes de comenzar.
Guardá anillos y puseras.
Si tenés pelo largo, te conviene atártelo.
Utilizá un delantal para no mancharte.

Organización

Leé la receta y colocá sobre una bandeja los ingredientes ya medidos en el orden en que los vas a usar y en otra los utensilios para tener todo al alcance de la mano. Utilizá el vasito medidor para medir los ingredientes secos y líquidos, en caso de que no tengas una balanza. Para las pequeñas cantidades utilizá las cucharitas de té cuando leas "cucharaditas" y cucharas soperas cuando leas "cucharadas".

Elección de los ingredientes

Utilizá ingredientes frescos y de buena calidad. Leé las fechas de elaboración y de vencimiento de los alimentos envasados, por ejemplo, la leche.

Tiempo de cocción

Controlá el tiempo de cocción ya que varía según cada tipo de horno.

Seguridad

- Asegurate de que un adulto te ayude cuando sea necesario utilizar el horno o las hornallas.
- También pedí ayuda con el uso del cuchillo hasta que tengas la práctica suficiente.
- Utilizá manoplas para levantar placas de horno, moldes u ollas calientes; nunca uses un repasador húmedo ya que el calor pasa y te podés quemar.
- Nunca introduzcas ningún utensilio dentro de la batidora mientras esté en uso.

Orden

Colocá los elementos que ya usaste dentro de la pileta para evitar errores en la preparación, desorden y posibles accidentes.

Limpieza

Una vez que terminaste de cocinar, dejá la cocina limpia y ordenada y seguramente no tendrán problemas para ¡que vuelvas a cocinar!

¡Atención!

Lo más importante es que te diviertas mientras cocinás.
Trabajá despacio y con cuidado y tomate tu tiempo. Así evitarás cualquier tipo de error o accidente.

Calendario de verduras y frutas

Este calendario te sirve para conocer en qué momento están disponibles para su consumo los vegetales y las frutas. Aunque gracias a la congelación en cámaras frigoríficas, la conservación no es problema, adquirir determinados vegetales en su época de estación permite consumir alimentos más frescos y con todo el aporte de vitaminas y otros nutrientes, además del precio menor y la mayor calidad.
Date una vuelta por la verdulería de tu barrio y observá qué frutas y verduras están disponibles y comparalas con este calendario. Así podrás sacar mayor provecho al conocer las ventajas de cada estación.

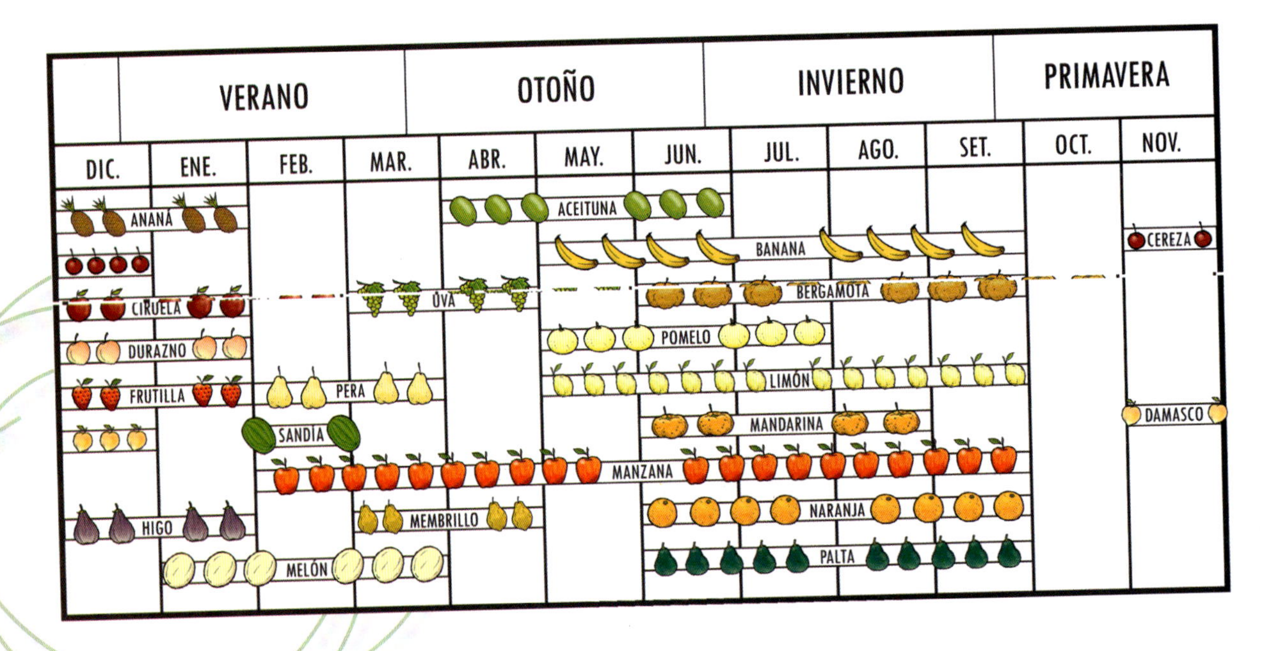

VERANO
OTOÑO
INVIERNO
PRIMAVERA
DIC.
ENE.
FEB.
MAR.
ABR.
MAY.
JUN.
JUL.
AGO.
SET.
OCT.
NOV.
ACELGA
MORRÓN
COLIFLOR
ARVEJA
ALBAHACA
APIO
BERENJENA
BATATA
RABANITO
BERRO
ESPINACA
CHOCLO
BRÓCOLI
ESCAROLA
CEBOLLA
CHAUCHA
PUERRO
ESPÁRRAGO
HINOJO
NABO
LECHUGA
POROTO
RADICHETA
PEPINO
REMOLACHA
REPOLLO
TOMATE
REPOLLITO DE BRUSELAS
ALCAUCIL
ZANAHORIA
ZAPALLITO
ZAPALLO

Las Recetas

Albóndigas de carne

Para 4 a 6 personas

Utensilios:

Bols grande - Sartén para freír - Espumadera - Tabla para picar - Cuchillo - Cuchara sopera - Cacerola grande - Fuente - Papel absorbente

Ingredientes:

- Carne picada especial, 1 kilo
- Cebolla picada, 1
- Sal, pimienta, comino, cantidad necesaria
- Perejil fresco, cantidad necesaria
- Huevo, 1
- Yema, 1
- Almidón de maíz, 2 cucharadas
- Aceite, cantidad necesaria para freír

Para la salsa de tomates:

- Tomates cubeteados con agregado de puré, 2 latas
- Cucharadas de aceite, 5
- Dientes de ajo, 4
- Cebolla chica picada, 1
- Sal y pimienta
- Azúcar, 1 cucharada

Procedimientos

1. Colocar la carne picada dentro del bols y condimentar con la sal, la pimienta y el comino.
2. Agregarle, a continuación, el perejil picado, la cebolla picada chiquita, el almidón de maíz y, por último, el huevo y la yema batidos ligeramente.
3. Unir bien todo con las manos o con la ayuda de la cuchara de madera hasta que esté todo bien integrado.
4. Realizar las albóndigas dándoles forma de pequeñas bolitas y acomodarlas sobre una fuente.

5. Al terminar, con la ayuda de una persona mayor, freírlas dentro de una sartén con aceite caliente a temperatura ideal y con una cantidad suficiente que alcance a cubrir las albóndigas, sólo hasta que estén cocidas y selladas por afuera.

6. Retirar las albóndigas y colocarlas sobre una fuente con papel absorbente.

7. Por último, preparar la salsa de tomate en una cacerola grande, y luego acomodar las albóndigas dentro de la cacerola, cocinar a fuego bajo hasta que se terminen de cocinar durante 20 minutos aproximadamente, sin revolver y moviendo ocasionalmente la cacerola para que no se peguen abajo.

Para la salsa de tomates

1. Colocar en la cacerola 5 cucharadas de aceite y los ajos picados. Llevar al fuego hasta que los ajos comiencen a largar su perfume, pero antes de que se doren.

2. A continuación, agregar la cebolla picada chiquita y cocinar todo hasta que la cebolla esté transparente.

3. Luego incorporar el tomate cubeteado con agregado de puré, condimentar con sal, pimienta y el azúcar para quitar la acidez.

4. Cocinar a fuego bajo con la cacerola tapada aproximadamente 10 minutos.

5. Por último, corregir los condimentos y reservar.

Alfajorcitos de maicena

30 alfajorcitos aproximadamente

Utensilios:

Placa para horno - Colador para tamizar - Rallador - Cucharita de té - Cuchara de madera - Bols - Espátula Cuchillo para untar - Cortante redondo de 4 cm de diámetro o de 3 cm para minialfajorcitos.

Ingredientes:

- Harina 0000, 200 gramos
- Almidón de maíz, 300 gramos
- Polvo de hornear, 2 cucharaditas al ras
- Bicarbonato de sodio, ½ cucharadita
- Manteca, 200 gramos
- Azúcar impalpable, 150 gramos
- Huevo, 1
- Yemas, 3
- Esencia de vainilla, 1 tapita
- Ralladura de limón, ½
- Dulce de leche para rellenar, 500 gramos
- Coco rallado, 100 gramos

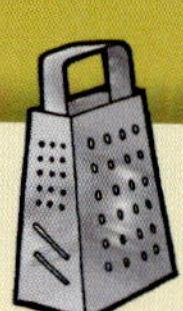

Procedimientos

1. Tamizar el almidón de maíz, la harina, el bicarbonato y el polvo de hornear. Reservar.
2. Batir en el bols, la manteca con el azúcar, la ralladura y la esencia de vainilla con la cuchara de madera hasta formar una cremita.
3. Incorporar el huevo y las yemas de a una por vez mezclando bien entre cada adición.
4. Agregar los ingredientes secos tamizados y unir todo sin amasar mucho, hasta lograr una masa suave y homogénea. Envolver con papel film y enfriar en la heladera durante 15 minutos.

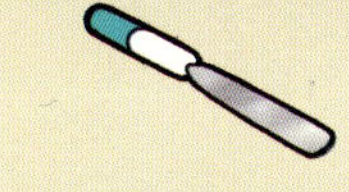

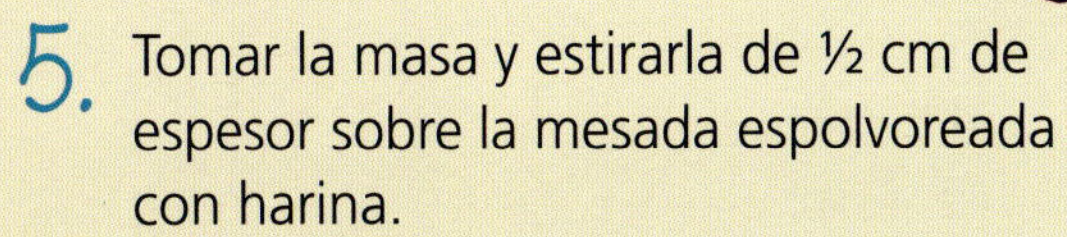

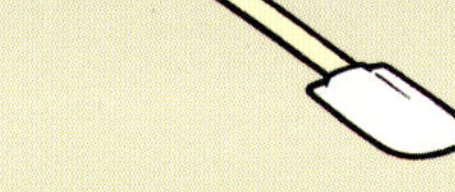

5. Tomar la masa y estirarla de ½ cm de espesor sobre la mesada espolvoreada con harina.

6. Cortar tapitas de unos 4 cm de diámetro con el cortante y colocar sobre una placa de horno enmantecada.

7. Cocinar en horno moderado hasta que las bases estén levemente doradas de 10 a 12 minutos aproximadamente.

8. Retirar las tapas con ayuda de una espátula y dejar enfriar.

9. Por último, formar los alfajores uniendo las tapas de a dos con el dulce de leche. Pintar el borde con dulce y pasar por coco rallado.

Técnica

Tamizar: pasar por un colador con malla fina para quitar los grumos.

Arrollado de dulce de leche

1 pionono grande de 14 a 18 porciones aproximadamente o 2 pionones chicos de 10 porciones cada uno, aproximadamente

Utensilios:

Bols - Cuchara sopera - Cucharita de té - Batidora eléctrica - Espátula - Papel manteca - Papel aluminio - Placa para horno rectangular de 30 x 40 cm

Ingredientes:

- Huevos, 4
- Azúcar, 40 gramos
- Sal, ½ cucharadita
- Miel, 2 cucharadas
- Harina, 40 gramos
- Esencia de vainilla, ½ tapita
- Azúcar impalpable adicional para espolvorear

Para el relleno:

- Dulce de leche repostero, 500 gramos

Procedimientos

1. Batir los huevos, la miel, el azúcar, la sal y la vainilla en un bols hasta llegar al punto letra.
2. Incorporar la harina tamizada con movimientos envolventes. También se puede incorporar la harina con la batidora.
3. Extender la preparación con la espátula sobre una placa enmantecada, empapelada y vuelta a enmantecar.
4. Cocinar en horno moderado durante 10 minutos aproximadamente o hasta que la superficie esté dorada.

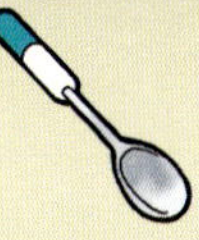

5. Retirar y dejar enfriar. Luego retirar el papel manteca con cuidado y untar la superficie del pionono (del lado más claro) con el dulce de leche repostero.

6. Enrollar con cuidado y tratando de que quede bien apretado. Envolverlo en papel de aluminio y guardarlo en la heladera hasta el día siguiente.

7. Antes de cortar, espolvorear con azúcar impalpable.

Técnicas

Punto letra: batir la preparación hasta obtener una consistencia muy cremosa y que se puedan hacer dibujos de letras o cintas con el batidor.

Tamizar: pasar por un colador con malla fina para quitar los grumos.

Movimientos envolventes: realizar un movimiento envolvente en la mezcla con una espátula de goma, como si fuera una ola, para incorporar otro ingrediente.

Brownies

24 brownies

Utensilios:

Bols de acero o enlozado - Cacerola para hacer el baño maría - Cuchara de madera - Espátula de goma - Cucharita de té - Batidora eléctrica - Molde rectangular de 20 x 30 cm

Ingredientes:

- Chocolate para taza, 200 gramos
- Manteca, 100 gramos
- Huevos, 4
- Azúcar impalpable, 400 gramos
- Harina 0000, 150 gramos
- Polvo de hornear, 1 cucharadita
- Manteca y harina para enmantecar y enharinar el molde, cantidad necesaria
- Nueces picadas, de 160 a 200 gramos.

Para el armado del postre:

- Helado de crema, cantidad necesaria
- Nueces picadas, cantidad necesaria
- Salsa de chocolate, cantidad necesaria

Técnicas

Baño maría: colocar un bols de acero o enlozado dentro de una cacerola con agua hasta la mitad y llevar al fuego para calentar o derretir suavemente.

Tamizar: pasar por un colador con malla fina para quitar los grumos.

Movimiento envolvente: realizar con una espátula de goma un movimiento envolvente en la mezcla, como si fuera una ola, para incorporar otro ingrediente.

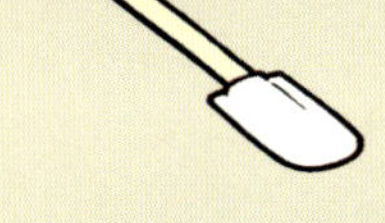

Procedimientos

1. Derretir el chocolate con la manteca dentro del bols a baño maría revolviendo continuamente con la cuchara de madera. Reservar.

2. Batir los huevos con el azúcar en otro bols hasta que estén de un color amarillo bien claro. Agregar este batido al chocolate derretido con la manteca.

3. Incorporar la harina tamizada con el polvo de hornear y las nueces picadas con movimientos envolventes.

4. Colocar la preparación en el molde enmantado y enharinado previamente.

5. Cocinar en horno moderado aproximadamente 20 minutos.

6. Enfriar y luego cortar cuadrados de 5 cm.

7. Se pueden servir también como postre, acompañando cada cuadrado de brownie (cortándolo de un tamaño mayor, de alrededor de 8 cm), con una bocha de helado de crema y adornado con nueces picadas y salsa de chocolate o caramelo líquido.

Budín marmolado

10 a 12 porciones aproximadamente

Utensilios:

Bols - Jarra medidora - Espátula de goma - Pincel - Batidora eléctrica - Cacerola para baño maría - Cucharita de té - Cuchara de madera - Colador con malla fina para espolvorear
Molde para budín de 27 cm de largo x 7 cm de alto o 2 moldes para budín inglés

Ingredientes:

- Manteca, 250 gramos
- Azúcar impalpable, 300 gramos
- Huevos, 3
- Leche, 150 cm^3
- Harina 0000, 350 gramos
- Polvo de hornear, 3 cucharaditas al ras
- Azúcar impalpable adicional para espolvorear
- Chocolate para taza picado, 60 gramos
- Manteca y harina adicional, para enharinar y enmantecar

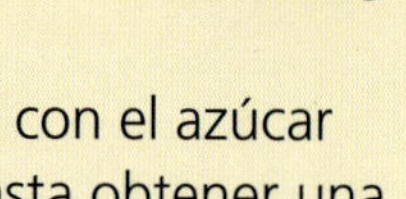

Procedimientos

1. Batir la manteca blanda con el azúcar impalpable tamizada hasta obtener una crema.
2. Incorporar los huevos de a uno y seguir batiendo. Agregar la leche (natural) en dos veces y terminar de batir a velocidad baja.
3. Agregar la harina y el polvo de hornear previamente tamizados y mezclar todo suavemente en velocidad baja.
4. Derretir el chocolate picado a baño maría. Reservar.

Nota: si se utilizan 2 moldes más chicos, el tiempo de cocción disminuye a 20 minutos aproximadamente.

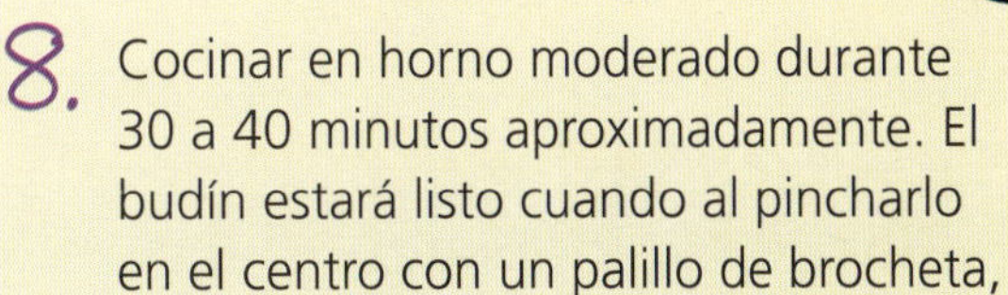

5. Retirar la tercera parte de la preparación del bols y colocar aparte en otro bols. Agregar el chocolate derretido e incorporarlo con la espátula.

6. Colocar sobre el molde enmantecado y enharinado levemente, primero una capa de la mezcla de vainilla y luego otra de chocolate. Por último, cubrir con una capa de vainilla. No llenar más de las ¾ partes del molde ya que la mezcla crece.

7. Para que quede veteado, es decir, marmolado, realizar dibujos en forma circular con un cuchillo o un palillo de brocheta.

8. Cocinar en horno moderado durante 30 a 40 minutos aproximadamente. El budín estará listo cuando al pincharlo en el centro con un palillo de brocheta, este salga seco.

Técnicas

Baño maría: colocar un bols de acero o enlozado dentro de una cacerola con agua hasta la mitad y llevar al fuego para calentar o derretir suavemente.

Tamizar: pasar por un colador con malla fina para quitar los grumos.

Calzones

2 calzones

Utensilios:

Bols - Espátula de plástico o cornet - Jarrita medidora Pincel - Tabla para picar - Cuchara sopera - Cuchillo Cacerola pequeña - Cuchara de madera - Palo de amasar - Nailon para tapar la masa - Piedra para horno - Pala para pizza

Ingredientes:

- Harina 000, 500 gramos
- Sal, 1 cucharada
- Manteca, 1 cucharada
- Aceite de oliva, 1 cucharada
- Levadura prensada familiar, 25 gramos
- Agua tibia, 300 cm^3
- Mozzarella, 400 gramos
- Jamón cocido, 300 gramos

Para la salsa básica:

- Ajo picados, 4 dientes
- Tomates pelados peritas enteros o cubeteados con agregado de puré de tomates, 2 latas
- Sal, azúcar y orégano, cantidad necesaria
- Aceite de oliva, 4 cucharadas

Procedimientos

1. Con la ayuda de un adulto, encender el horno 1 hora antes y colocar la piedra sobre la base para que se caliente bien.
2. Colocar la harina, la sal, la manteca y el aceite en el bols y unir bien con la espátula hasta formar una arenilla.
3. Colocar el agua tibia en la jarrita medidora y disolver adentro la levadura revolviendo con una cuchara.
4. Agregar la preparación de la jarrita al bols poco a poco uniendo todo con la espátula de afuera hacia adentro. Una vez integrado, enharinar la mesada y volcar la mezcla. Amasar hasta obtener una masa lisa y elástica.
5. Darle a la masa una forma alargada y cortarla en 2 partes iguales. Abollar

Técnicas

Abollar: darle a la masa forma redonda realizando un movimiento circular sobre la mesada para que quede bien redonda, lisa y sin grietas.

Levar: dejar descansar la masa elaborada con levadura hasta que adquiera el volumen necesario.

cada una y dejar levar tapada con un nailon hasta que la masa esté al doble de su volumen.

6. Estirar un bollo en forma redonda con el palo de amasar sobre la mesada enharinada. Colocar la salsa de tomates, la muzzarella en fetas o cubitos, el jamón cocido y cerrar como si fuera una empanada. Realizar el repulgue con un tenedor.
7. Llevar al horno con una pala para pizza, y cocinar hasta que se derrita el queso y esté doradita por debajo. Retirar y repetir el procedimiento con el bollo restante.
8. Apagar el horno y retirar cuando la piedra se haya enfriado completamente.

Salsa básica

1. Calentar en la cacerola las 4 cucharadas de aceite de oliva y agregar los ajos picados. Cocinar hasta que el ajo largue su perfume y antes de que comience a dorarse.
2. Agregar las 2 latas de tomates, revolver con la cuchara de madera y condimentar con sal y azúcar.
3. Cocinar a fuego bajo con la cacerola tapada durante 10 minutos.
4. Retirar del fuego, rectificar los condimentos y por último agregarle el orégano.

Chipacitos

33 chipacitos aproximadamente

Utensilios:

Bols - Cornet – Cucharita de té - Jarrita medidora - Exprimidor - Tabla y cuchillo - Rallador - Placas para horno - Espátula de plástico

Ingredientes:

- Harina de mandioca, 250 gramos
- Sémola, 50 gramos
- Manteca, 50 gramos
- Huevo, 1
- Sal, 1 cucharadita
- Queso tipo Mar del Plata, 120 gramos
- Queso rallado, 45 gramos
- Jugo de naranja, 60 cm^3
- Leche, 125 cm^3
- Manteca extra, para enmantecar

Procedimientos

1. Mezclar la harina de mandioca, la sémola, la sal, la manteca y los huevos (batidos un poco previamente) en un bols con la ayuda de la espátula. Dar golpecitos para integrar la manteca.

2. Agregar el queso tipo Mar del Plata cortado en cubitos o rallado bien grueso, el queso rallado y el jugo de naranja. Continuar integrando con la espátula.

3. Incorporar la leche poco a poco y unir bien hasta obtener una masa suave y lisa.

4. Estirar la masa dándole forma de chorizo largo y luego cortar bollitos del tamaño de pelotitas de ping pong.

5. Abollarlos y colocarlos en placas enmantecadas.

6. Cocinar en horno moderado durante 15 a 20 minutos aproximadamente.

Técnica

Abollar: darle a la masa forma redonda realizando un movimiento circular sobre la mesada para que quede bien redonda, lisa y sin grietas.

Chips

18 chips aproximadamente

Utensilios:

Bols - Bols pequeño - Jarrita medidora - Cuchara sopera - Cucharita de té - Espátula de plástico o cornet - Pincel - Nailon para tapar la masa - Placa para horno

Ingredientes:

- Harina 000, 250 gramos
- Sal, 1 cucharadita
- Manteca, 25 gramos
- Levadura prensada familiar, 15 gramos
- Leche entera tibia, 100 cm^3
- Azúcar común, 25 gramos
- Huevo, 1
- Manteca extra para enmantecar la placa
- Muzzarela, 400 gramos
- Jamón cocido, 300 gramos

Para el chuño:

- Agua hirviendo, 125 cm^3
- Almidón de maíz, 8 gramos

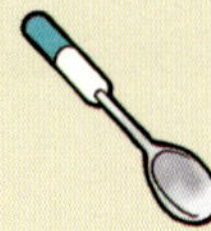

Procedimientos

1. Disolver la levadura en la leche tibia en la jarrita medidora.
2. Colocar la harina con la sal y la manteca en el bols, unir todo hasta formar una arenilla con la ayuda de la espátula. Realizar un hueco en el centro.
3. Incorporar en el centro el huevo y el azúcar previamente mezclados.
4. Unir todo de afuera hacia adentro con la ayuda de la espátula hasta incorporar todo.

Técnicas

Abollar: darle a la masa forma redonda realizando un movimiento circular sobre la mesada para que quede bien redonda, lisa y sin grietas.

Levar: dejar descansar la masa elaborada con levadura hasta que esta adquiera el volumen necesario.

Chuño: preparación que se realiza mezclando almidón de maíz con agua hervida para pintar los panes y poder obtener una corteza más gomosa y brillante. En un bols mezclar 125 cm^3 de agua hirviendo y 8 gramos de almidón de maíz previamente disuelto en 2 cucharadas de agua.

5. Agregar la levadura disuelta en la leche de a poco y comenzar a unir todo con la espátula. Para terminar de armar la masa, amasar sobre mesada levemente enharinada hasta formar una masa lisa y tierna.

6. Dejar levar en un lugar tibio tapando la masa con un nailon hasta que alcance el doble de su volumen.

7. Estirar la masa en forma de chorizo y dividirla en bollitos del tamaño de una pelotita de ping pong. Abollar bien cada uno.

8. Acomodar los chips en placas enmantecadas. Dejar levar nuevamente durante 20 minutos más.

9. Cocinar en horno moderado durante 15 minutos, retirar los chips y pintarlos con el chuño reservado. Volverlos a llevar al horno durante 5 minutos más hasta que la superficie esté brillosa y dorada.

Cookies con chips de chocolate

28 cookies aproximadamente

Utensilios:

Bols - Cuchara de madera - Cucharita de té - Espátula de goma
Colador grande para tamizar - Placas para horno - Espátula - Rejilla para enfriar las cookies - Pincel

Ingredientes:

- Manteca, 100 gramos
- Azúcar rubia, 80 gramos
- Azúcar común, 80 gramos
- Huevo, 1
- Esencia de vainilla, ½ tapita
- Harina 0000, 200 gramos
- Polvo de hornear, ½ cucharadita
- Nueces picadas, 50 gramos
- Chips de chocolate negro, 50 gramos
- Chips de chocolate blanco, 50 gramos
- Manteca adicional para enmantecar

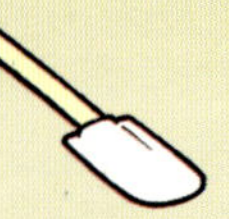

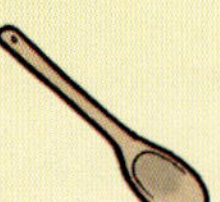

1. Colocar la manteca blanda y los 2 tipos de azúcar en el bols y batir con la cuchara de madera hasta obtener una crema.
2. Incorporar el huevo y la esencia de vainilla, y continuar mezclando hasta integrar. Reservar.
3. Tamizar la harina y el polvo de hornear en otro bols y luego agregar las nueces picadas.

Técnicas

Tamizar: pasar por un colador con malla fina para quitar los grumos.

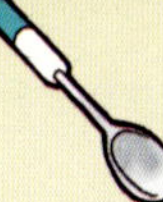

4. Incorporar los ingredientes secos tamizados con las nueces picadas al batido del huevo con la esencia de vainilla y mezclar bien todo.

5. Agregar los chips de chocolate y unir bien todo con la cuchara de madera.

6. Tomar porciones de la mezcla con una cuchara y darles forma de bolas medianas, o realizarlas directamente con la mano. Colocarlas separadas en las placas de horno previamente enmantecadas con una distancia de 5 cm entre ellas. Aplastarlas un poco.

7. Cocinar en horno moderado durante 12 a 15 minutos aproximadamente o hasta que estén doradas. Retirar las cookies de las bandejas con la espátula mientras estén calientes y pasarlas a una rejilla. Enfriar.

Cookies con avena y confites de chocolate

23 cookies aproximadamente

Utensilios:

Papel manteca - Colador para tamizar - Cuchara de madera - Cucharita de té - Cuchara sopera - Rallador - Bols - Espátula - Rejilla para enfriar las cookies - Placas de horno

Ingredientes:

- Manteca, 80 gramos
- Azúcar rubia, 70 gramos
- Azúcar común, 80 gramos
- Huevo, 1
- Esencia de vainilla, ½ tapita
- Crema de leche, 1 cucharada
- Ralladura de limón, ¼
- Harina 0000, 125 gramos
- Bicarbonato de sodio, ¼ cucharadita
- Polvo de hornear, ¼ cucharadita
- Sal, 1 pizca
- Avena arrollada tradicional, 100 gramos
- Confites de chocolate de colores, 120 gramos
- Manteca adicional, para enmantecar

Procedimientos

1. Verter los dos tipos de azúcar con la manteca blanda y la ralladura de limón dentro del bols y batir con la cuchara de madera.

2. Agregar el huevo, la esencia de vainilla y la crema de leche mezclando bien entre cada adición hasta obtener una mezcla suave.

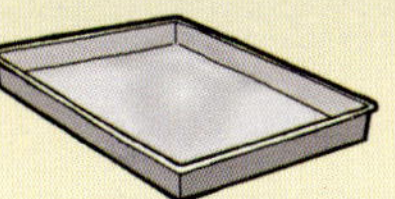

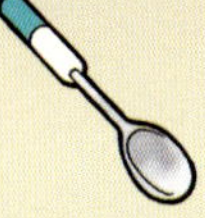

3. Incorporar la harina, el bicarbonato, el polvo de hornear y la sal previamente tamizados y mezclar bien.

4. Por último, agregar la avena arrollada y los confites de chocolate de colores.

5. Formar bolas de masa con una cuchara sobre las placas de horno, enmantecadas y enharinadas previamente, o realizarlas directamente con la mano dejando una distancia de 5 cm entre ellas.

6. Aplanarlas levemente y cocinar en horno moderado durante 12 a 15 minutos o hasta que estén doradas.

7. Una vez listas, y antes que se enfríen, retirar las cookies de las placas con una espátula y colocarlas sobre rejillas hasta enfriar completamente.

Técnica

Tamizar: pasar por un colador con malla fina para quitar los grumos.

Cuadrados de frutas secas

24 porciones aproximadamente

Utensilios:

Bols - Cuchara de madera - Cuchara sopera - Cacerola chica - Tabla y cuchillo para picar - Espátula para untar - Procesadora - Papel film - Fuente rectangular para horno de 25 x 35 cm

Ingredientes:

Para la masa:

- Harina, 300 gramos
- Manteca, 200 gramos
- Huevo, 1
- Azúcar común, 100 gramos
- Esencia de vainilla, 1 tapita

Para el relleno:

- Nueces picadas, 100 gramos
- Almendras picadas, 100 gramos
- Pasas de uva sin semilla, 60 gramos
- Azúcar común, 100 gramos
- Manteca, 90 gramos
- Crema de leche, 125 cm^3
- Miel, 4 cucharadas

Procedimientos

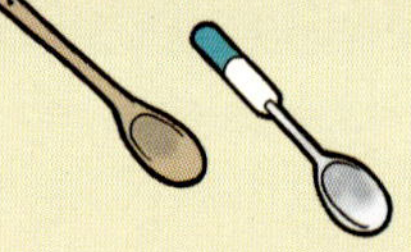

Para la masa

1. Procesar la manteca con el azúcar y la esencia de vainilla con pulsos cortos hasta que se forme una cremita.
2. Agregar el huevo y procesar nuevamente sólo hasta incorporar.
3. Añadir la harina en dos veces y procesar hasta que se forme una bola de masa.
4. Envolverla con papel film y enfriar durante 1 hora.
5. Retirar y amasar un poco para que el frío se distribuya en forma pareja, y estirar en forma rectangular sobre mesada enharinada.

6. Forrar la base de la fuente rectangular para horno y pincharla con un tenedor.

7. Precocinar en horno moderado durante 10 minutos. Retirar y reservar.

Nota:
en caso de no tener una procesadora para la masa realizarla dentro de un bols incorporando los ingredientes con una cuchara de madera en el mismo orden de la receta.

El relleno

1. Colocar los ingredientes del relleno en la cacerola y cocinar hasta que la mezcla comience a burbujear. Reservar.

2. Untar la masa precocida con una fina capa de mermelada de frambuesas.

3. Cubrir la masa con la mezcla reservada en la cacerola y llevar al horno moderado nuevamente de 15 a 20 minutos hasta que se termine cocinar.

4. Retirar y cortar cuadrados de 6 cm mientras esté tibia la preparación.

Empanadas de carne

Para 6 personas

Utensilios:

Sartén - Cuchara de madera - Cuchara sopera
Tabla para picar - Cuchillo - Pincel -
Placa de horno - Bols

Ingredientes:

- Carne picada especial, ½ kilo
- Cebolla picada, ½ kilo
- Aceite, 4 cucharadas
- Aceitunas verdes sin carozo, cantidad necesaria
- Huevos duros, 2
- Huevo batido, para pintar
- Tapas de empanadas para horno, 1 docena y media
- Sal, pimienta y aceite, cantidad necesaria

Procedimientos

1. Calentar el aceite en la sartén e incorporar las cebollas picadas. Cocinar hasta que la cebolla esté transparente.

2. Agregar, a continuación, la carne picada y revolver continuamente con la cuchara de madera dando golpecitos para que no se formen pelotitas. Salpimentar y, una vez cocida la carne, retirar del fuego e incorporar los huevos duros picados y las aceitunas picadas o cortadas al medio.

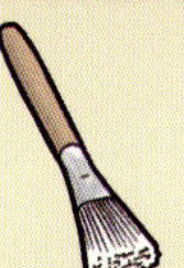
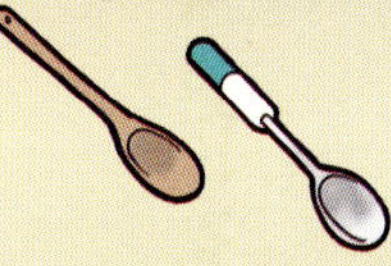

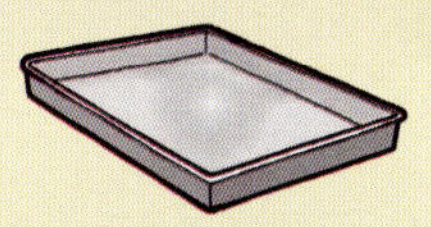

3. Separar las tapas de empanadas y colocar en un bols un poco de agua. Humedecer el borde de cada tapa con la ayuda de un pincel o con las yemas de los dedos.

4. Tomar una porción del relleno con la ayuda de una cuchara y colocar en el centro de la tapa. Luego doblarla al medio y realizar el repulgue. Realizar lo mismo con el resto de las tapas y acomodarlas sobre la placa de horno levemente aceitada.

5. Pintar cada empanada con huevo batido y cocinar a horno fuerte hasta que estén doradas por encima.

Nota:
precalentar el horno antes de cocinarlas para evitar que revienten durante la cocción.

Escones de queso

21 escones aproximadamente

Utensilios:

Bols - Batidor de alambre - Cuchara de madera - Palo de amasar - Exprimidor Vaso medidor - Rallador - Cortante redondo de 5 cm de diámetro

Ingredientes:

- Harina leudante, 320 gramos
- Queso rallado, 100 gramos
- Manteca, 100 gramos
- Huevo, 1
- Leche, 125 cm³
- Jugo de limón exprimido, ½ o Jugo de naranja exprimida, ½
- Huevo batido adicional para pintar, 1

Procedimientos

1. Mezclar la harina con el queso rallado dentro del bols.
2. Agregar la manteca fría cortada en cubitos, y trabajar los ingredientes con la punta de los dedos hasta formar una arenilla.
3. Realizar un hueco en el centro y agregar el huevo batido previamente. Unir con la ayuda de la cuchara de madera hasta integrar y luego incorporar el jugo de naranja o de limón exprimido.

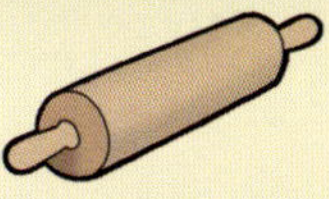

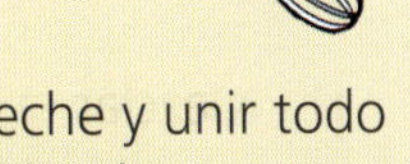

4. Agregar, por último, la leche y unir todo hasta formar una masa blanda.

5. Sobre mesada enharinada estirar la masa con el palo de amasar hasta que tenga una altura de aproximadamente 1,5 cm. Doblarla cerrándola al medio como si fuera un libro (de esta forma, cuando estén listos los escones, tendrán cintura).

6. Volver a estirar dejando la masa nuevamente de 1,5 cm de alto.

7. Con el cortante de 5 cm de diámetro, cortar los escones y colocar sobre placa previamente enmantecada. Pintar cada uno con huevo batido.

8. Llevar a horno moderado durante 15 a 20 minutos aproximadamente hasta que estén doraditos.

Atención:
todos los restos de masa pueden unirse y volver a estirar para hacer más escones.

Espirales bicolor

22 espirales aproximadamente

Utensilios:

Bols - Cuchara de madera - Palo de amasar - Pincel - Colador grande para tamizar - Placas para horno - Papel film - Papel manteca

Ingredientes:

Para la masa de vainilla:

- Manteca, 80 gramos
- Azúcar común, 100 gramos
- Sal, 1 pizca
- Huevo, 1
- Harina 0000, 200 gramos
- Ralladura de limón, ¼
- Huevo adicional para pintar, 1

Para la masa de chocolate:

- Manteca, 80 gramos
- Azúcar común, 100gramos
- Sal, 1 pizca
- Huevo, 1
- Harina 0000, 180 gramos
- Cacao dulce, 20 gramos
- Esencia de vainilla, ¼ tapita
- Huevo adicional para pintar, 1

Procedimientos

La masa de vainilla

1. Batir la manteca con la sal, el azúcar y la ralladura de limón en el bols con la cuchara de madera hasta obtener una cremita.
2. Agregar el huevo y mezclar bien todo.
3. Incorporar la harina, unir rápidamente hasta formar una masa, envolver con papel film y enfriar durante 1 hora.

La masa de chocolate

1. La masa de chocolate se realiza igual que la de vainilla. La única diferencia es que hay que incorporar la harina y el cacao juntos tamizados previamente y reemplazar la ralladura de limón por esencia de vainilla.

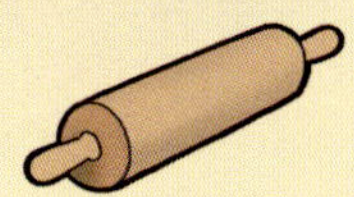

Nota:
antes de estirar ambas masas, la de chocolate y la de vainilla, amasarlas un poco para que el frío sea parejo en toda la masa y al estirarlas no se rompan.

Armado de las espirales

1. Estirar la masa de vainilla sobre papel manteca enharinado, en forma rectangular de 3 mm de espesor.
2. Pintar con huevo batido sobre la masa de vainilla.
3. Estirar la masa de chocolate sobre papel manteca enharinado en forma rectangular de 3 mm de espesor.
4. Colocar la masa de chocolate encima de la masa de vainilla con mucho cuidado y pintar con huevo nuevamente.
5. Recortar los bordes para emparejar y enrollar como si fuera un arrollado. Enfriar durante 1 hora.
6. Cortar los espirales de ½ cm de espesor y colocar sobre placas enmantecadas.
7. Cocinar en horno moderado durante 15 minutos aproximadamente.

Fideos caseritos

Para 2 personas

Utensilios:

Utensilios: Bols - Batidor de alambre - Cuchara sopera Cucharita de té - Cuchara de madera - Cuchillo - Jarra medidora - Papel film - Colador grande para tamizar - Palo de amasar - Cacerola pequeña - Tabla para picar

Ingredientes:

- Harina 0000, de 200 a 250 gramos
- Sal, 1 cucharadita
- Huevos, 2
- Aceite de oliva, 1 cucharada bien llena
- Agua, 2 cucharadas bien llenas

Para la salsa rosa de tomates:

- Tomates cubeteados con agregado de puré, 1 lata
- Aceite de oliva, 2 cucharadas
- Dientes de ajo, 2
- Cebolla chiquita picada, ½
- Sal y pimienta, cantidad necesaria
- Azúcar, 1 cucharadita

Para el pesto:

- Albahaca fresca, 1 plantita
- Dientes de ajo picados, 3 o 4

Procedimientos

Para la masa

1. Tamizar la harina. Reservar.
2. Colocar el agua, el aceite de oliva y los huevos en otro bols y mezclar con el batidor de alambre. Agregar la sal y mezclar bien hasta que se disuelva.
3. Incorporar la harina mezclando con la cuchara de madera. Cuando se comience a formar una masa, retirar la masa y colocarla sobre la mesada levemente enharinada.
4. Amasar y continuar incorporando harina de a poco, según sea necesario hasta que la masa no se pegue en la mesada y en los dedos.
5. Envolverla con papel film o colocarla adentro de una bolsita de nailon. Dejarla descansar durante 30 minutos.
6. Estirar la masa con el palo de amasar en forma rectangular espolvoreando con harina por abajo y por arriba. Seguir estirando hasta que la masa quede del espesor de una tarjeta.

7. Dejar orear la masa sobre la mesada 10 minutos de cada lado.
8. Para el corte de los fideos, espolvorear con harina la superficie de la masa ya oreada.
9. Doblar la parte superior y la inferior de modo que los bordes se encuentren en el centro. Espolvorear nuevamente con harina. Volver a doblar de la misma forma.
10. Cortar los fideos en tiras de ½ cm de ancho en sentido perpendicular a los dobleces.
11. Levantar la masa pasando el cuchillo por debajo del centro de la masa; así se desdoblan los fideos.
12. Ubicarlos en una fuente espolvoreada con harina y bien separados entre sí.
13. Cocinar en agua hirviendo, habiendo agregado una cucharada de sal por cada litro de agua y un chorrito de aceite.

La salsa rosa de tomates

1. Colocar en la cacerola 2 cucharadas de aceite y los ajos picados. Llevar al fuego hasta que los ajos comiencen a largar su perfume, pero antes de que se doren.
2. Agregar la cebolla picada chiquita y cocinar todo hasta que la cebolla esté transparente.
3. Incorporar el tomate cubeteado con agregado de puré, condimentar con sal, pimienta y el azúcar para quitar la acidez.
4. Cocinar a fuego bajo con la cacerola tapada aproximadamente 10 a 15 minutos.
5. Corregir los condimentos, retirar del fuego y reservar.

El pesto

1. Separar las hojitas de albahaca, lavarlas y secarlas bien. Reservar.
2. Picar bien las hojitas de albahaca y los dientes de ajo por separado.
3. Mezclar ambos ingredientes y colocar en un frasco de vidrio bien limpio.
4. Cubrir con aceite común hasta tapar la superficie del pesto para evitar que se formen hongos.

Flan de María

6 porciones aproximadamente

Utensilios:

Cacerola mediana - Cacerola chica - Cuchara de madera - Bols - Batidor de alambre - Colador - Molde para flan

Ingredientes:

- Leche, 1 litro
- Esencia de vainilla, 1 tapita
- Azúcar común, 250 gramos
- Yemas, 7
- Huevo, 1

Para el caramelo:

- Azúcar común, 200 gramos
- Agua, 60 cm^3

Procedimientos

1. Colocar el agua con el azúcar en la cacerola pequeña y llevar al fuego. Revolver con la cuchara de madera hasta que se disuelva el azúcar y antes de que comience a hervir la preparación.
2. Hervir hasta que alcance el punto caramelo.
3. Retirar y pasar inmediatamente a la budinera, y reservar.
4. En la cacerola mediana hervir la leche con el azúcar hasta que se consuma a la mitad.

Técnicas

Hervir: llevar a ebullición.

Baño maría: colocar el molde del flan adentro de la asadera para horno con agua hasta la mitad y llevar al horno para que se cocine suavemente.

Colar: pasar por un colador con malla fina para retirar la nata.

5. Retirar del fuego, pasar a un bols y enfriar. Reservar.

6. Batir en otro bols los huevos y agregar el batido a la leche una vez que se haya enfriado, junto con la tapita de esencia de vainilla.

7. Colar la preparación y luego volcarla con cuidado dentro de la flanera acaramelada.

8. Cocinar a baño maría aproximadamente 1 hora o hasta que, al pinchar la preparación, con un palillo de brocheta, este salga seco.

9. Retirar y dejar enfriar. Desmoldar recién después de haber enfriado en la heladera de un día para el otro para que se pueda despegar el caramelo de la base del molde.

Florentinos

35 florentinos aproximadamente

Utensilios:

Bols - Cuchara de madera - Cuchara de postre - Placa para horno - Papel de aluminio

Ingredientes:

- Leche condensada, 1 lata
- Nueces picadas, 1 medida
- Pasas de uva, ½ medida
- Cáscaras de naranja glaseadas picadas, ½ medida
- Coco rallado, 1 medida
- Chocolate para taza picado, 50 gramos
- Manteca y harina, cantidad necesaria para enmantecar

1 medida = la lata de leche condensada vacía

1. Colocar todo los ingredientes dentro del bols en el orden que están en la receta y mezclar bien todo con la cuchara de madera.
2. Enmantecar y enharinar un papel de aluminio del lado que no brilla (el papel debe ser de igual tamaño que la placa de horno) y colocarlo sobre la placa.

3. Con una cuchara de postre, realizar montañitas sobre el papel dejando una distancia de 5 cm entre cada una.

4. Cocinar en horno moderado durante 15 minutos aproximadamente hasta que se doren los bordes y de abajo.

5. Enfriar y luego despegar cada florentino del papel de aluminio con cuidado.

6. Se pueden guardar en latas, una vez que se hayan enfriado.

Nota:
al retirarlos del horno notarán que están blandos, pero enseguida se endurecerán.
En lugar de papel de aluminio pueden utilizar una plancha siliconada llamada "Silpat".

Focaccia con papa y albahaca

24 porciones aproximadamente

Utensilios:

Bols - Espátula de plástico o cornet - Placa para horno - Jarrita medidora - Nailon para tapar la masa - Pincel - Cuchara sopera - Palo de amasar - Molde rectangular mediano

Ingredientes:

- Harina 000, 500 gramos
- Levadura prensada familiar, 20 gramos
- Sal, 1 cucharada colmada
- Aceite de oliva, 75 cm^3
- Puré de papas, 150 gramos
- Pesto, 4 cucharadas de pesto
- Agua tibia, 200 cm^3 aproximadamente

Procedimientos

1. Colocar 100 cm^3 de agua tibia en la jarrita medidora y disolver la levadura revolviendo con una cuchara.
2. Mezclar la harina junto con la sal y el aceite de oliva en el bols con la ayuda de la espátula.
3. Agregar la levadura disuelta e integrar todo de afuera hacia adentro con espátula.
4. Incorporar el puré de papa. Integrarlo con la masa y luego con la cantidad de agua restante (100 cm^3) de a poquito amasando hasta formar una masa lisa y elástica.

5. Tapar con un nailon y dejar levar durante 30 minutos hasta que la masa alcance el doble de su volumen.

6. Estirar la masa en un molde rectangular pintado con aceite de oliva. Presionar la superficie en distintas partes con el dedo pulgar para que quede una superficie irregular

7. Pintar la superficie con pesto, tapar nuevamente con nailon y dejar levar durante 20 minutos más.

8. Cocinar en horno medio hasta que se forme una cáscara aproximadamente 30 minutos.

Nota: la papa puede aguar el puré, por lo tanto la cantidad de agua varía según la calidad de la papa.

Técnica

Levar: dejar descansar la masa elaborada con levadura hasta que adquiera el volumen necesario.

Grisines integrales

38 grisines largos aproximadamente

Utensilios:

Bols - Cucharita de té - Espátula de plástico o cornet - Jarrita medidora - Nailon para tapar la masa - Placa para horno - Pincel - Palo de amasar

Ingredientes:

- Harina 000, 200 gramos
- Harina integral fina, 50 gramos
- Sal, 1 cucharadita
- Manteca, 25 gramos
- Azúcar común, 1 cucharadita bien llena
- Levadura prensada familiar, 8 gramos
- Agua tibia, 150 cm^3
- Azúcar para agregarle al agua tibia con la levadura, 1 cucharadita
- Manteca extra para enmantecar la placa de horno

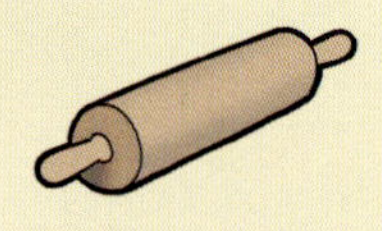

Procedimientos

1. Colocar las harinas, el azúcar, la manteca y la sal en el bols. Unir bien con la espátula hasta formar una arenilla.

2. Colocar el agua tibia en la jarrita medidora y disolver adentro la levadura revolviendo con una cuchara. Agregar la cucharadita de azúcar y esperar 5 minutos hasta que la levadura se active.

3. Agregar poco a poco el agua con la levadura a la preparación y unir todo de afuera hacia adentro con la espátula.

Técnica

Levar: dejar descansar la masa elaborada con levadura hasta que adquiera el volumen necesario.

4. Enharinar la mesada y volcar la mezcla sobre ella. Amasar bien hasta formar una masa lisa y homogénea.

5. Estirar la masa de forma rectangular con el palo de amasar y doblarla por la mitad, girarla de manera que el doblez quede a la izquierda y volver a amasar en forma rectangular. Repetir 4 veces.

6. Dejar levar la masa tapada con el nailon durante 20 minutos.

7. Estirar la masa en forma rectangular y cortar en tiras delgadas de ½ cm de ancho; luego estirarlas y colocarlas sobre placas enmantecadas. Es importante apretar las puntas presionando con el dedo gordo contra la placa para que los grisines no se arqueen al cocinar.

8. Cocinar en horno moderado durante 15 a 20 minutos.

Hamburguesas caseras con papas fritas

6 hamburguesas

Ingredientes:

Para las hamburguesas:

- Carne picada especial, ½ kilo
- Cebolla picada, 1
- Perejil picado, 1cucharada
- Sal, 1 cucharadita
- Pimienta, a gusto
- Almidón de maíz, 1 cucharadita

Para el sándwich:

- Pan de hamburguesa con semillas de sésamo, 6
- Tomates peritas en rodajas finas, 2
- Hojas de lechuga, 6
- Cebolla cortada en aros finitos, 1
- Pepinos agridulces, 2
- Mayonesa, cantidad necesaria
- Huevos fritos, 6 (opcional)
- Mostaza y ketchup, a gusto (opcional)

Para la guarnición de papas fritas:

- Papas fritas clásicas en paquete, cantidad necesaria

Utensilios:

Bols - Cuchara sopera - Cucharita de té - Cuchara de madera - Molde de plástico para prensar hamburguesas - Tabla para picar - Cuchillo - Platos

Procedimientos

1. Colocar la carne picada en un bols y agregar la cebolla picada bien chiquita, el perejil picado y el almidón de maíz.

2. Mezclar bien todos los ingredientes con la ayuda de la cuchara de madera y salpimentar.

3. Introducir porciones de la preparación en el molde para prensar y con el suplemento prensarlas hasta obtener la forma de la hamburguesa clásica.

4. Repetir la operación con el resto de la carne picada.

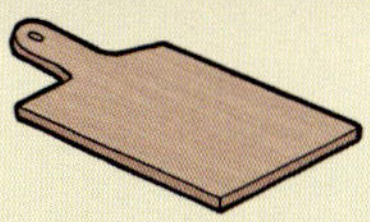

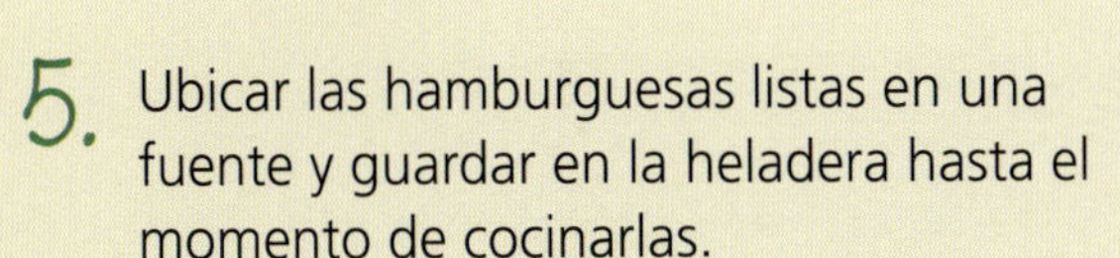

5. Ubicar las hamburguesas listas en una fuente y guardar en la heladera hasta el momento de cocinarlas.

6. Para armar los sándwiches, cortar los panes al medio y untarlos con mayonesa.

7. Cocinar las hamburguesas sobre plancha bien caliente o en la parrilla del horno, de ambos lados hasta que estén bien cocidas.

8. Rellenar cada pan con las hamburguesas cocidas y agregar la hoja de lechuga, rodajas finitas de tomate perita, aros finos de cebolla y los pepinos agridulces en rodajas.

9. Acomodar los sándwiches en cada plato y llevar a la mesa con la guarnición de papas fritas.

Isla flotante

10 porciones aproximadamente

Utensilios:

Cacerola chica - Cuchara de madera - Espátula de goma - Bols - Batidora eléctrica - Asadera rectangular para el baño maría - Molde para flan

Ingredientes:

- Claras, 10
- Azúcar común, 250 gramos

Para el caramelo:

- Azúcar común, 200 gramos
- Agua, 60 cm^3

Procedimientos

1. Colocar el agua con el azúcar en la cacerola pequeña y llevar al fuego. Revolver con la cuchara de madera sólo hasta que se disuelva el azúcar y antes de que comience a hervir la preparación.

2. Dejar hervir hasta que alcance el punto caramelo. Retirar y pasar inmediatamente al molde y reservar.

3. Batir las claras con el azúcar a punto nieve como para hacer un merengue común.

4. Volcar la preparación con cuidado dentro del molde alisando la superficie con la espátula.

5. Cocinar a baño maría en horno moderado durante 45 minutos aproximadamente. La isla flotante estará lista cuando, al tocar la superficie, los dedos no se peguen al merengue. Retirar y enfriar.

6. Antes de desmoldar, enfriar en la heladera de un día para el otro para que, al desmoldar, el caramelo esté bien despegado de la base.

Técnicas

Hervir: llevar a ebullición.

Punto caramelo: hervir el agua con el azúcar hasta que la preparación tome un color marrón claro y una consistencia pegajosa.

Claras batidas a nieve: batir las claras hasta que estén bien blancas y consistentes y formen picos duros que al dar vuelta el bols hacia abajo no se caigan.

Baño maría: colocar el molde dentro de la asadera para horno con agua hasta la mitad y llevar al horno para que se cocine suavemente.

Lemon pie

Utensilios:

Bols - Batidor de alambre - Cucharita de té - Exprimidor - Tenedor - Palo de amasar - Procesadora - Espátula de goma - Papel film - Tenedor o manga pastelera con pico rizado - 1 molde para tarta desmontable de 26 cm de diámetro o 2 moldes para tarta desmontables de 20 cm de diámetro

Ingredientes:

Para la masa:

- Harina 0000, 400 gramos
- Manteca, 200 gramos
- Azúcar común, 60 gramos
- Sal, 1 cucharadita
- Huevo, 1
- Yema, 1
- Agua, 40 cm^3

Para el relleno:

- Leche condensada, 2 latas
- Yemas, 8
- Jugo de exprimido de limón, 6

Para el merengue suizo:

- Claras, 6
- Azúcar común, 350 gramos
- Jugo de limón, 1 chorrito

Procedimientos

1. Para realizar la masa procesar la manteca con el azúcar en la procesadora con pulsos cortos hasta que la preparación esté bien cremosa.
2. Agregar primero el huevo y el agua y procesar. Luego agregar la yema y volver a procesar.
3. Por último, incorporar la sal y la harina en dos veces y procesar hasta que se forme un bollo.
4. Retirar y envolver la masa con papel film y llevar a la heladera durante 1 hora hasta que esté bien fría.
5. Retirar del frío, y como primer paso, amasar un poco para que el frío se distribuya parejo en toda la masa y luego al estirarla, no se rompa.

Técnica

Baño maría: colocar un bols de acero o enlozado dentro de una cacerola con agua hasta la mitad y llevar al fuego para calentar suavemente.

Nota: en caso de no tener una procesadora para realizar la masa, realizarla dentro de un bols incorporando los ingredientes con una cuchara de madera en el mismo orden de la receta. Con las cantidades de esta receta se puede realizar una tarta grande o 2 chicas (fijarse la medida de los moldes para tarta desmontable).

6. Estirar sobre mesada espolvoreada con harina dejando la masa de 2 mm de espesor.
7. A continuación, forrar el molde, pincharlo y precocinar la masa a temperatura moderada 10 minutos aproximadamente.
8. Para hacer el relleno colocar las 8 yemas en un bols y batirlas con el batidor de alambre.
9. Agregar el jugo de limón y mezclar bien. Luego volcar las dos latas de leche condensada, y volver a mezclar bien. Reservar.
10. Rellenar la masa precocida y llevar nuevamente al horno de 10 a 15 minutos más hasta cocinar el relleno. Retirar y reservar.
11. Cubrir con el merengue suizo y realizar picos con un tenedor o decorar con manga pastelera con pico rizado. Llevar a la heladera hasta enfriar.

Para el merengue suizo

1. Batir las claras con el azúcar a baño maría hasta que el batido esté tibio.
2. Retirar y montar con la batidora eléctrica, con un chorrito de jugo de limón, hasta que las claras queden bien firmes y el bols se haya enfriado por completo.

Milanesas superespeciales

Para 4 personas

Utensilios:

Bols - Tabla para picar - Cuchillo - Placa para horno - Batidor de alambre - Jarrita medidora - Cuchara sopera - Fuente rectangular - Papel absorbente

Ingredientes:

- Milanesas de peceto, 1 kilo
- Pan rallado especial para milanesas al horno, 400 gramos
- Harina, 150 gramos
- Jamón cocido picado, 100 gramos
- Aceite de girasol, cantidad necesaria

Para empanar:

- Huevos, 3
- Dientes de ajo medianos picados, 4
- Perejil picado, cantidad necesaria
- Leche, 200 cm^3
- Aceite de oliva, 2 cucharadas
- Mostaza, 1 cucharada
- Sal y pimienta, cantidad necesaria

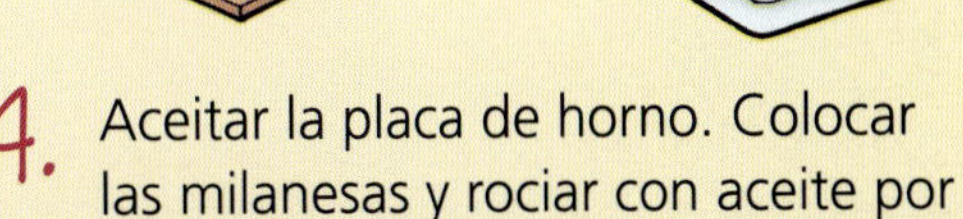

1. Preparar la mezcla para empanar dentro de un bols mezclando bien los huevos, los ajos picados, el perejil picado, la leche, el aceite de oliva, la mostaza y la sal y pimienta con la ayuda de un batidor de alambre. Reservar.

2. Colocar el pan rallado, la harina y el jamón picado en una fuente rectangular. Mezclar bien todo.

3. Pasar las milanesas por la mezcla para empanar y luego por el empanado presionando bien para que éste se adhiera. Reservar en una fuente.

4. Aceitar la placa de horno. Colocar las milanesas y rociar con aceite por encima de cada una.

5. Llevar al horno fuerte y cocinar de ambos lados.

6. Al retirarlas del horno, pasarlas por papel absorbente antes de servir.

Minifrolitas

6 minifrolitas aproximadamente

Utensilios:

Cuchara de madera - Bols - Rallador - Papel film - Cacerola mediana - Palo de amasar - Tenedor - Moldes para minitartitas de 8 cm de diámetro

- Manteca, 100 gramos
- Azúcar, 125 gramos
- Sal, una pizca
- Ralladura de limón, ¼
- Esencia de vainilla, ½ tapita
- Huevo, 1
- Harina 0000, 250 gramos

Para el relleno:

- Dulce de membrillo, 375 gramos
- Agua, cantidad necesaria

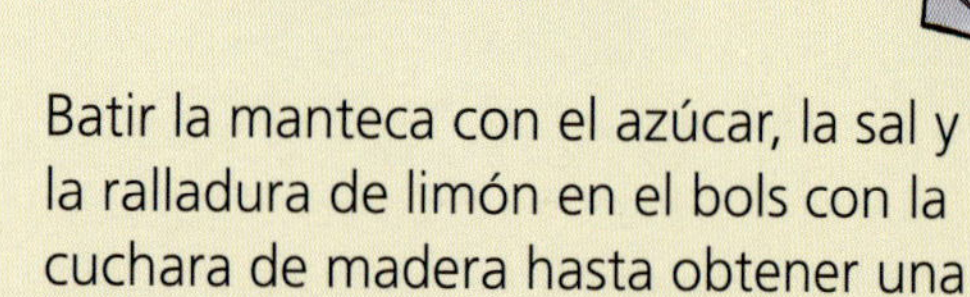

1. Batir la manteca con el azúcar, la sal y la ralladura de limón en el bols con la cuchara de madera hasta obtener una crema.
2. Agregar el huevo y la esencia de vainilla y continuar mezclando con la cuchara de madera hasta incorporar bien todo.
3. Por último, agregar la harina y unir todo rápidamente con las manos hasta formar una masa.
4. Envolver la masa con papel film y llevar a la heladera para que se enfríe durante 30 minutos.

5. Cortar el membrillo en cubitos y derretirlo en la cacerola a fuego mínimo. Agregar un poquito de agua para no quemarlo revolviendo todo el tiempo con la cuchara de madera. Reservar.

6. Retirar la masa de la heladera y amasarla un poco para que el frío se distribuya en forma pareja en toda la masa. Estirar con el palo de amasar sobre la mesada espolvoreada con harina, hasta dejarla de 3 mm de espesor.

7. Marcar la masa con los moldes y luego forrar cada uno. Pinchar la masa con el tenedor. Reservar una parte de masa para el enrejado.

8. Rellenar los moldes con el dulce de membrillo y luego decorar con el enrejado tradicional o con distintas formas: caras, flores, iniciales de nombres, etc.

9. Cocinar en horno moderado de 15 a 20 minutos o hasta que el enrejado esté dorado.

10. Retirar, enfriar y luego desmoldar.

Minitartas de choclo

Para 4 personas

Utensilios:

Bols - Espátula de plástico o cornet - Cuchara sopera - Cucharita de té - Batidor de alambre - Palo de amasar - Sartén - Cuchara de madera - Cucharoncito - Moldecitos de 8 cm de diámetro

Ingredientes:

Para la masa:

- Harina 0000, 200 gramos
- Aceite, 50 cm^3
- Agua, 100 cm^3
- Sal, 1 cucharadita

Para el relleno de choclo:

- Choclo cremoso, 2 latas
- Cebolla picada, 1 grande o 2 chicas
- Queso rallado, cantidad necesaria
- Aceite de oliva, 3 cucharadas

Para la liga:

- Huevos, 3
- Crema de leche, 125 cm^3
- Almidón de maíz, 1 cucharada
- Sal y pimienta, cantidad necesaria

Procedimientos

1. Para la masa colocar en un bols el agua tibia, el aceite y la sal. Mezclar ligeramente con el batidor de alambre.

2. Agregar la harina de a poco y unir todo hasta formar una masa con la espátula.

3. Amasar hasta obtener un bollo suave y liso. Reservar hasta el momento del estirado en los moldecitos.

4. Para el relleno, calentar el aceite de oliva en la sartén, y cocinar la cebolla picada hasta que esté transparente. Agregar un poquito de sal y azúcar.

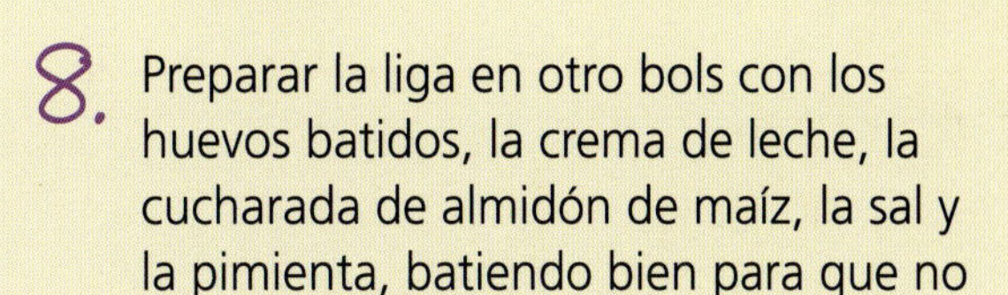

5. Incorporar el choclo cremoso y mezclar con la cuchara de madera. Cocinar durante 5 minutos a fuego bajo, revolviendo para que no se pegue de abajo.

6. Retirar del fuego y agregar el queso rallado, y sal y pimienta a gusto. Enfriar y reservar.

7. Estirar la masa con el palote y forrar los moldecitos. Distribuir el relleno en las tarteritas con la cuchara, dejando un borde libre para incorporar la liga.

8. Preparar la liga en otro bols con los huevos batidos, la crema de leche, la cucharada de almidón de maíz, la sal y la pimienta, batiendo bien para que no se formen grumos.

9. Incorporar la liga con un cucharoncito por encima de la superficie de cada minitarta, sin excederse del borde para que se puedan cocinar y desmoldar sin problemas.

10. Cocinar en horno moderado durante 20 minutos aproximadamente.

Mouse de chocolate

6 a 8 porciones aproximadamente

Utensilios:

Bols apto para horno de microondas, 2 - Bols - Cuchara de madera - Batidora eléctrica - Espátula de goma - Pelapapas (para hacer rulos de chocolate)

Ingredientes:

- Chocolate picado, 250 gramos
- Manteca, 125 gramos
- Yemas, 4
- Azúcar común, 100 gramos
- Crema de leche, 250 gramos
- Claras, 5

Para decorar:

- Chocolate blanco, 100 gramos

Procedimientos

1. Derretir el chocolate picado en un bols dentro del horno de microondas. Luego derretir la manteca cortada en cubitos en otro bols.

2. Incorporar la manteca al chocolate derretido y mezclar con una cuchara de madera hasta obtener una mezcla suave y homogénea. Reservar.

3. Batir las yemas con la mitad del azúcar hasta que la preparación alcance un color amarillo bien claro. Agregar a la mezcla del chocolate e integrar bien mezclando con la espátula.

Técnicas

Crema a medio montar: batir la crema hasta que esté cremosa, pero que no forme picos.

Claras batidas a nieve: batir las claras hasta que estén blancas y consistentes y formen picos duros que al dar vuelta no se caigan.

Movimientos envolventes: realizar con una espátula un movimiento envolvente en la mezcla, como si fuera una ola, para incorporar otro ingrediente y que no se baje el batido.

4. Batir aparte la crema a medio montar y luego agregar a la preparación anterior.

5. Batir, por último, las claras a punto nieve con la otra mitad del azúcar y luego incorporar a la preparación anterior con movimientos envolventes con la espátula.

6. Colocar en copas y decorar realizando rulos de chocolate blanco con el pelapapas.

7. Enfriar en la heladera hasta el momento de servir.

Derretir el chocolate en el horno de microondas: colocar el chocolate picado en un bols apto y llevar a temperatura alta durante 1 minuto. Retirar, mezclar y volver al horno de microondas otro minuto más hasta que se derrita por completo. Este procedimiento evita que el chocolate se queme y quede pastoso.

Derretir la manteca en el horno de microondas: colocar la manteca en cubitos en un bols apto y llevar a temperatura media alta durante 1 minuto.

Muffins de banana y cereales

12 muffins aproximadamente

Utensilios:

Bols grande - Cuchara de madera - Cucharita de té - Cuchara sopera - Placa con 12 moldes para muffins

Ingredientes:

- Harina 0000, 75 gramos
- Polvo de hornear, 2 cucharaditas
- Sal, 1 pizca
- Copos de maíz azucarados, 65 gramos
- Coco rallado, 80 gramos
- Huevo batido, 1
- Azúcar común, 80 gramos
- Crema de leche, ½ pote (125 cm³)
- Leche, 125 cm³
- Miel, 4 cucharadas
- Esencia de vainilla, 1 tapita
- Manteca derretida, 50 gramos
- Bananas cortadas en cubitos, 2

Procedimientos

1. Tamizar la harina con el polvo de hornear y la sal en el bols, y añadir los copos de maíz y el coco rallado.
2. Realizar un hueco en el centro de la mezcla y reservar.
3. Colocar en otro bols el huevo, el azúcar, la crema de leche, la leche, la miel, la esencia de vainilla y la manteca derretida, y mezclar bien todo con el batidor de alambre.

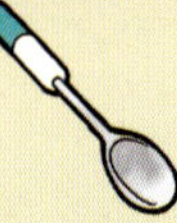

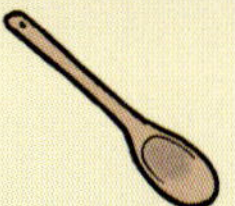

4. Volcar la mezcla en el hueco realizado e incorporar las bananas. Mezclar suavemente con la cuchara de madera solamente hasta unir para que los muffins no queden pesados y poco aireados.

5. Rellenar con una cuchara sopera cada moldecito hasta las ¾ parte, ya que crecen con la cocción.

6. Cocinar en horno moderado durante 20 minutos aproximadamente. Estarán listos cuando al pincharlos con un palillo de brocheta, este salga seco.

Ñoquis de papa multicolores

Para 2 personas

Utensilios:

Espátula de plástico o cornet - Cacerola - Cuchara sopera - Cucharita de té - Pisapapas - Colador de pastas - Sartén - Marcador de ñoquis

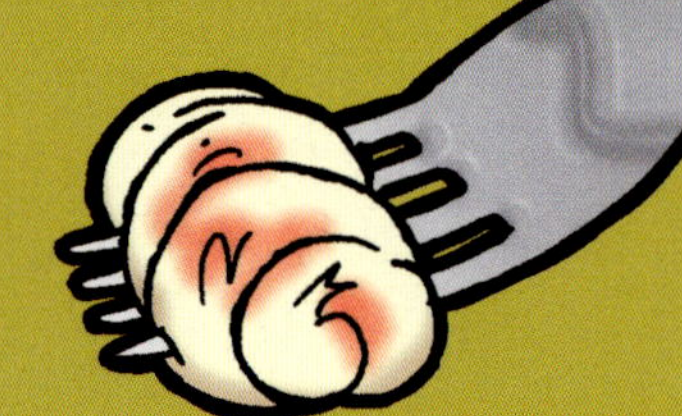

Ingredientes:

- Papas limpias y peladas, 300 gramos
- Harina, 150 gramos
- Huevos, 1 yema
- Sal, 1 cucharadita de sal
- Pimienta, 1 pizca
- Ralladura de nuez moscada, a gusto
- Polvo de hornear, ½ cucharadita
- 1 cucharada de sal gruesa (para hervir las papas)

Procedimientos

1. Llenar la cacerola con agua fría y colocar las papas peladas, agregar la cucharada de sal gruesa y hervir hasta que las papas estén tiernas, es decir, que se puedan pinchar sin dificultad hasta el centro con un palillo de brocheta.

2. Cuando estén listas, retirarlas de la cacerola y dejarlas enfriar un poquito, pero no del todo. Luego, con la ayuda del pisapapas, hacer el puré y una vez listo dejarlo enfriar totalmente.

3. Formar una corona con el puré y agregar los huevos, la sal, la pimienta, la nuez moscada y el polvo de hornear en el centro.

Salsa de tomates *express*
Colocar 2 latas de puré de tomates ya listo y condimentado para pastas dentro de una sartén y cocinarlo durante 5 a 10 minutos. Para suavizar un poco la salsa y sacarle la acidez, agregar siempre un poco de azúcar.

Para hacer ñoquis de colores: reemplazar la tercera parte del puré de papas por ¼ taza de puré de verduras cocidas al vapor, escurridas y procesadas. Las verduras pueden ser zapallo, zanahoria, remolacha y/o espinaca.

Para hacer ñoquis de ricota: reemplazar la mitad del puré de papas por ricota bien escurrida.

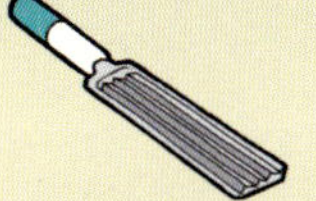

4. Agregar la harina de a poco y unir todo con la ayuda de la espátula de plástico, de afuera hacia adentro hasta formar una masa homogénea. No utilizar más de la mitad de harina que la cantidad de papa.

5. Dejar descansar la masa aproximadamente 20 minutos, luego formar rollitos, cortar y enrular pasando por el marcador de ñoquis.

6. Para la cocción: cocinar los ñoquis en agua hirviendo con un chorrito de aceite y sal gruesa. Estarán listos ni bien suban a la superficie. Retirar enseguida, colarlos y servirlos en una fuente con un poco de salsa en el fondo para que no se peguen unos con otros.

7. Finalmente espolvorear con queso rallado.

Nota: para los ñoquis de colores, se puede agregar un poco más de harina si fuera necesario.

Omelette de jamón y queso

Para 1 persona

Utensilios:

Bols - Batidor de alambre - Espátula de plástico - Tabla para picar - Cuchillo - Cuchara sopera - Sartén antiadherente de 16 cm de diámetro

Ingredientes:

- Huevos, 3
- Jamón cocido, 1 feta
- Queso tipo port salud en cubitos o tiritas, 3 cucharadas
- Sal
- Pimienta
- Perejil picado, opcional
- Aceite, 1 cucharada

Procedimientos

1. Colocar los huevos en el bols, salpimentarlos y batirlos ligeramente.
2. Cortar el queso port salud en cubitos o tiritas y reservar en un bols.
3. Verter 1 cucharada de aceite en la sartén y calentar un poquito. Incorporar a continuación los huevos batidos y condimentados; cocinar a fuego medio.

4. Agregar la feta de jamón cocido entera cuando al levantar con la espátula, esté un poco cocido de abajo. Agregar inmediatamente el queso en tiritas o cubitos a lo largo y cerca del borde para luego poder enrollar.

5. Enrollar finalmente el omelette y darlo vuelta con la ayuda de una espátula para que se termine de cocinar del otro lado.

Nota

El perejil picado se agrega a la mezcla de los huevos batidos, para darle más color y sabor. El jamón cocido ayuda de sostén para que el queso no se desparrame y pase hacia abajo.

Pan dulce

4 panes dulces de 1/2 kg o 2 panes dulces de 1 kg

Ingredientes:

- Harina 000, 1 kg
- Levadura prensada familiar, 70 gramos
- Leche tibia, 300 a 400 cm³
- Azúcar impalpable, 150 gramos
- Manteca, 250 gramos
- Sal, 1 cucharadita
- Ralladura de 1 limón
- Esencia de vainilla, 2 o 3 tapitas
- Yemas, 6
- Almendras picadas, 75 gramos
- Nueces picadas, 75 gramos
- Chocolate blanco picado, 100 gramos
- Chocolate negro picado, 100 gramos

Para pintar:

- Partes iguales de huevo batido y agua

Para la decoración:

- Cerezas al natural, cantidad necesaria
- Almendras o avellanas, cantidad necesaria

Utensilios:

4 moldes de papel de ½ kg para pan dulce o 2 moldes de papel de 1 kg para pan dulce - Bols - Cucharita de té - Pincel - Batidora eléctrica - Rallador - Nailon para tapar la masa

Procedimientos

1. Disolver la levadura en 300 cm³ de leche tibia y esperar unos 5 minutos hasta que se active la levadura.
2. Realizar una corona con la harina y la sal en un bols y agregar en el centro lo anterior. Dejar caer un poco la harina con la cuchara de madera. Mezclar hasta formar una pasta blanda. Tapar y dejar levar por 20 minutos.
3. Batir en otro bols el azúcar con la manteca y la ralladura de limón. Agregar las yemas y luego la esencia de vainilla mientras se bate. Agregar a la preparación anterior y unir bien.

Nota: se puede preparar la mitad de la receta para preparar 2 panes dulces de ½ kg o 1 pan dulce de 1 kg.

Técnicas

Abollar: darle a la masa forma redonda realizando un movimiento circular sobre la mesada para que quede bien redonda, lisa y sin grietas.

Levar: dejar descansar la masa elaborada con levadura hasta que esta adquiera el volumen necesario.

4. Incorporar el resto de la leche (100 cm^3) poco a poco hasta que quede una masa suave. Dejar levar tapando con un nailon hasta que alcance el doble de su volumen.

5. Estirar la masa y agregar las frutas secas y el chocolate picado amasando bien hasta que queden bien distribuidos.

6. Dividir la masa en cuatro bollos y abollarlos bien. Colocar cada bollo en los moldes de papel y dejar levar hasta que la masa alcance el borde del molde o esté al doble de su volumen.

7. Con un cortante realizar una X en la parte superior. Pintar con la mezcla de agua y huevo en partes iguales. Cocinar en horno moderado durante 30 minutos aproximadamente.

8. Retirar del horno, enfriar y luego chorrear cada pan dulce con el glacé (batir 1 clara con 250 de azúcar impalpable). Pegar las cerezas y almendras o avellanas y dejar secar.

Decoración opcional tipo panettone

Dejar enfriar sobre una rejilla y luego espolvorear con el azúcar impalpable.

Pan trenzado dulce y salado

1 trenza mediana

Utensilios:

Bols - Pincel - Espátula de plástico o cornet - Cuchara sopera - Cucharita de té - Jarra medidora - Nailon, para tapar la masa

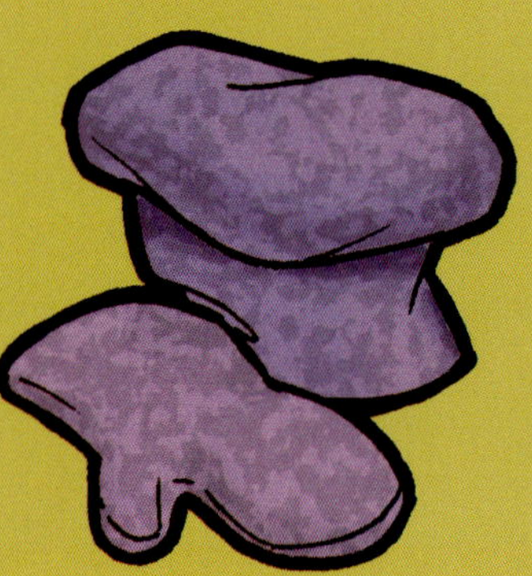

Ingredientes:

Para la trenza salada:

- Harina 000, 250 gramos
- Aceite de girasol, 4 cucharadas
- Huevo, 1
- Azúcar común, 1 cucharada bien llena
- Sal, 1 cucharadita
- Leche entera tibia, 100 cm^3
- Levadura prensada familiar, ¼ pancito
- Semillas de amapola para espolvorear, cantidad necesaria

Para la trenza dulce:

- Harina 000, 250 gramos
- Aceite de girasol, 2 cucharadas
- Huevo, 1
- Azúcar, 4 cucharadas
- Sal, ½ cucharadita
- Levadura fresca prensada familiar, ¼ pancito
- Leche entera tibia, 100 cm^3
- Semillas de sésamo para espolvorear, cantidad necesaria

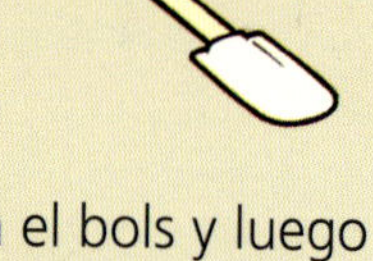

Procedimientos

1. Colocar la harina en el bols y luego agregarle en el centro, los huevos previamente mezclados con el azúcar, sal y aceite. Integrar de afuera hacia adentro con la espátula.
2. Colocar la leche tibia en la jarrita medidora y disolver adentro la levadura revolviendo con una cuchara.
3. Agregar la levadura ya disuelta en la leche y unir todo hasta formar una masa suave y bien lisa.
4. Tapar la masa con el nailon y dejar levar hasta que la masa alcance el doble de su volumen.

Nota:
el procedimiento para las dos trenzas es el mismo, lo que varían son los ingredientes. Si se desea hacer una trenza común, dividir la masa en tres bollos iguales.

5. Cortar la masa en 4 bollos iguales, luego abollarlos y taparlos con un nailon. Dejarlos levar nuevamente durante 15 minutos.

6. Estirar cada bollo en chorizos de 30 cm de largo, luego agruparlos y armar la trenza.

7. Pintar la trenza con huevo batido. Agregar un poquito de azúcar y un chorrito de aceite común. Espolvorear con sésamo la trenza dulce o con amapola la salada.

8. Dejar levar al doble de su volumen y llevar a horno moderado durante 20 minutos aproximadamente.

Técnicas

Abollar: darle a la masa forma redonda realizando un movimiento circular para que quede lisa y sin grietas.

Levar: dejar descansar la masa elaborada con levadura hasta que adquiera el volumen necesario.

Pancitos saborizados

20 pancitos aproximadamente

Utensilios:

Bols - Espátula de plástico o cornet - Jarrita medidora - Cuchara sopera - Cucharita de té - Placas de horno - Pincel

Ingredientes:

- Harina 000, 250 gramos
- Sal, 1 cucharadita
- Manteca, 1 cucharada panzona
- Levadura prensada familiar, ¼ pancito
- Agua tibia, 175 a 200 cm³
- Manteca extra para enmantecar

Para saborizar:

- Orégano, 1 ½ cucharada colmada
- Perejil, 1 cucharada colmada
- Queso rallado, 65 gramos

Procedimientos

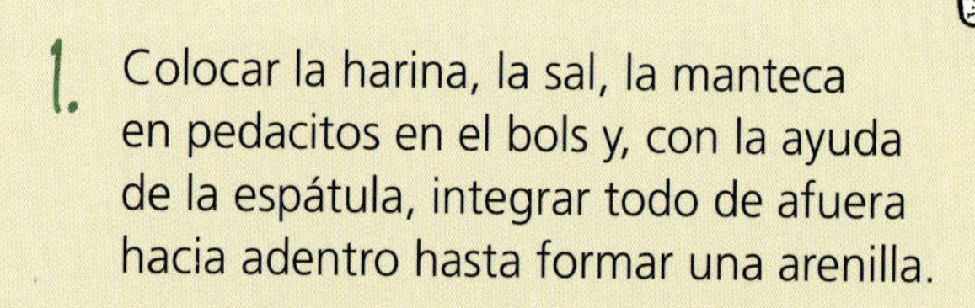

1. Colocar la harina, la sal, la manteca en pedacitos en el bols y, con la ayuda de la espátula, integrar todo de afuera hacia adentro hasta formar una arenilla.

2. Disolver la levadura en el agua tibia (175 cm³) en la jarrita y agregarle 1 cucharadita de azúcar.

3. Agregar poco a poco la levadura disuelta a la preparación anterior integrando todo con la espátula. Incorporar el ingrediente elegido para saborizar y unir hasta formar una masa lisa (si es necesario, agregar un poquito más de agua, 25 cm³).

4. Cuando la masa esté integrada, seguir amasando sobre la mesada enharinada hasta obtener una masa bien suave y blanda.

5. Tapar la masa con un nailon y dejar levar durante 20 minutos.

6. Formar un chorizo con la masa y dividirla en bollitos. Abollarlos de a uno sobre la mesada.

7. Colocarlos en las placas de horno previamente enmantecadas y tapar con el nailon. Dejarlos levar nuevamente hasta que estén al doble de su volumen.

8. Pintarlos con una preparación de mitad huevo y mitad agua y cocinar en horno moderado durante 15 a 20 minutos.

Técnicas

Abollar: darle a la masa forma redonda realizando un movimiento circular sobre la mesada para que quede bien redonda, lisa y sin grietas.

Levar: dejar descansar la masa elaborada con levadura hasta que adquiera el volumen necesario.

Pastel de papas

Para 4 personas

Utensilios:

Tabla para picar - Cuchillo - Cuchara sopera - Cacerolas, 2 - Pelapapas - Pisapapas - Cuchara de madera - Pincel - Palillo de brocheta - Fuente rectangular para horno de 20 x 30 cm

Ingredientes:

Para el relleno:

- Carne picada especial, 1 kilo
- Cebolla picada, ¾ kilo
- Huevos duros picados, 3
- Aceitunas sin carozo, a gusto
- Sal, pimienta, comino y pimentón dulce, a gusto
- Aceite de oliva para rehogar, 5 cucharadas.

Para el puré:

- Papas, 1 kilo
- Manteca, 50 gramos
- Sal, pimienta y nuez moscada, cantidad necesaria
- Leche, 1 chorrito
- Sal gruesa para cocinar las papas, 1 puñado

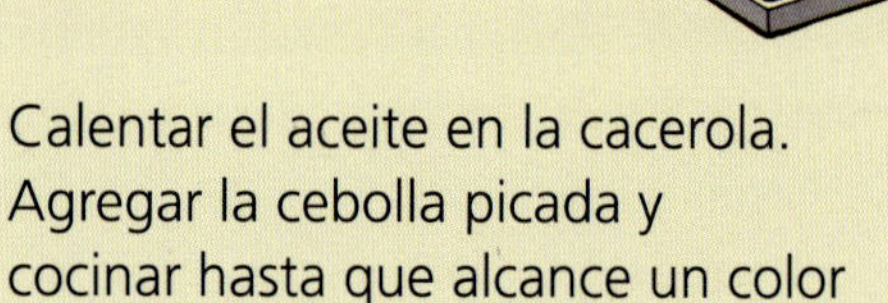

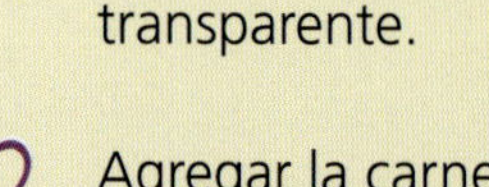

1. Calentar el aceite en la cacerola. Agregar la cebolla picada y cocinar hasta que alcance un color transparente.

2. Agregar la carne picada y cocinar todo dando golpecitos a la carne con la cuchara de madera para que no se formen pelotitas. Condimentar con sal, pimienta, comino y pimentón dulce.

3. Cuando la carne esté cocida, pasar la preparación a una fuente y agregar el huevo duro picado y las aceitunas sin carozo (a gusto). Agregar más condimentos si fuera necesario. Reservar.

4. Para hacer el puré de papas, lavar bien las papas, pelarlas y cortarlas en cuartos para que se cocinen más rápido.

5. Colocar agua fría en otra cacerola y agregar las papas con un puñado de sal gruesa. Cocinarlas a partir de agua fría hasta que, al pincharlas con un palillo de brocheta, este penetre sin dificultad hasta el centro.

6. Retirar el agua de la cacerola (con ayuda de un mayor), dejando las papas adentro. Pisar las papas. Condimentar con sal, pimienta y nuez moscada a gusto.

7. Agregar la manteca en trocitos y mezclar con la cuchara de madera hasta incorporar y, por último, agregar un chorrito de leche para que quede cremoso. Volver a mezclar.

8. Probar el sabor del puré y, si hace falta, agregar el condimento necesario.

9. Para el armado, colocar una capa fina de puré de papas en una fuente rectangular apta para horno con la ayuda de una espátula.

10. Luego colocar encima el relleno y extenderlo bien en toda la superficie de la fuente. Por último, colocar una capa gruesa de puré de papas esparciéndolo en forma pareja y uniforme.

11. Pincelar finalmente la superficie con manteca derretida y llevar a horno fuerte para calentar y gratinar rápidamente.

Picada creativa

Para 2 personas

Utensilios:

Tabla para picar - Cuchillo - Cortante en forma de flor - Plato redondo - Escarbadientes

Ingredientes:

- Salame de milán cortado en rodajas gruesas, 200 gramos
- Aceitunas verdes o negras sin carozo o rellenas, cantidad necesaria
- Queso muzzarella en rodajas gruesas, 200 gramos
- Tomates cherry, 4
- Pepino agridulce, 1
- Choclitos (comercializados en frasco), cantidad necesaria
- Zanahorias baby, 8
- Radicheta o rúcula, 1 plantita
- Brotes de soja o de alfalfa, cantidad necesaria

Procedimientos

1. Para las flores, cortar las fetas de fiambre trazando 2 diámetros en cruz. Quedarán 4 porciones de igual tamaño. Distribuirlas en el plato a modo de molinete y colocar una aceituna en el centro de cada flor.
2. Cortar 2 tiras de pepino agridulce para los tallos y realizar las hojas con las zanahorias baby.
3. Marcar flores de queso con el cortante y colocar en el centro de cada una un pompón de ketchup, mostaza y, salsa golf o tomates cherry.

4. Para el pasto, cortar la radicheta o la rúcula bien finita y mezclarla con un poco de brotes de soja o de alfalfa.

5. Utilizar los choclitos como base debajo del pasto.

Pizzetas

36 pizzetas aproximadamente

Utensilios:

Bols - Espátula de plástico o cornet - Cuchara sopera - Cucharita de té - Jarrita medidora - Nailon para tapar la masa - Placa para horno - Pincel - Cacerola pequeña - Cuchara de madera

Ingredientes:

- Harina 000, 500 gramos
- Sal, 1 cucharada
- Aceite de oliva, 1 cucharada
- Manteca, 1 cucharada
- Agua tibia, 300 cm^3
- Levadura prensada familiar, 25 gramos
- Azúcar, 1 cucharadita
- Aceite común extra para pincelar la placa
- Muzzarella cortada en cubitos, 750 gramos

Para la salsa básica:

- Ajo picado, 4 dientes
- Tomates pelados peritas enteros o cubeteados con agregado de puré de tomates, 2 latas
- Sal, azúcar y orégano, cantidad necesaria
- Aceite de oliva, 4 cucharadas

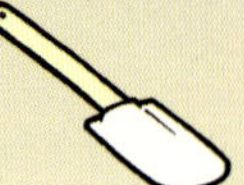

Procedimientos

1. Colocar la harina, la sal, la manteca y el aceite en el bols uniendo bien con la espátula hasta formar una arenilla.

2. Colocar el agua tibia en la jarrita y disolver adentro la levadura con una cuchara. Agregarle la cucharadita de azúcar y esperar 5 minutos hasta que la levadura se active.

3. Agregar la levadura disuelta en el agua a la preparación del bols, poco a poco y uniendo todo de afuera hacia adentro con la ayuda de la espátula.

4. Enharinar la mesada y volcar la mezcla amasando bien hasta formar una masa lisa y elástica. Tapar con un nailon y dejar levar al doble de su volumen.

Técnicas

Abollar: darle a la masa forma redonda realizando un movimiento circular sobre la mesada para que quede bien redonda, lisa y sin grietas.

Levar: dejar descansar la masa elaborada con levadura hasta que adquiera el volumen necesario.

5. Realizar bollitos iguales y colocar separados sobre placa aceitada. Achatar la superficie de cada uno, y luego colocar la salsa de tomate sobre cada uno. Dejar levar nuevamente hasta terminar de abollar y colocar la salsa.
6. Precocinar en horno fuerte durante 5 minutos, luego retirar del horno y colocar el queso cortado sobre cada pizzeta. Volver a llevar la placa al horno hasta que el queso se derrita.
7. Por último, retirar y agregar el orégano y las aceitunas.

Salsa básica

1. Calentar en la cacerola las 4 cucharadas de aceite de oliva, agregar los ajos picados y cocinar hasta que el ajo largue su perfume y antes de que se dore.
2. Agregar las dos latas de tomates, revolver con la cuchara de madera y condimentar con sal y azúcar.
3. Cocinar a fuego bajo con la cacerola tapada durante 10 minutos.
4. Retirar del fuego, corregir los condimentos y por último agregarle el orégano.

Rosca de reyes

1 rosca mediana

Ingredientes:

- Harina 0000, 250 gramos
- Levadura prensada familiar, 25 gramos
- Manteca, 50 gramos
- Miel, 1 cucharadita
- Huevo entero, 1
- Yema, 1
- Agua tibia, 50 cm^3
- Azúcar común, 65 gramos
- Sal, ½ cucharadita
- Coco rallado para espolvorear, 25 gramos
- Dulce de membrillo, 100 gramos
- Huevo batido para pintar, 1

Para la crema pastelera:

- Azúcar común, 60 gramos
- Huevos, 1
- Harina 0000, 15 gramos
- Almidón de maíz, 1 cucharadita
- Leche, 150 cm^3
- Esencia de vainilla, ½ tapita

Utensilios:

Bols - Jarrita medidora - Cucharita de té - Placa de horno - Pincel - Espátula - Nailon para tapar la masa - Manga para decorar - Cacerola chica - Batidor de alambre

Procedimientos

1. Colocar la harina, la sal y la manteca bien blanda en el bols. Mezclar con una espátula de plástico hasta formar una arenilla.
2. Realizar un hueco en el centro y agregar la miel, los huevos y el azúcar mezclados previamente. Unir todo con la ayuda de la espátula de plástico. Reservar.
3. Colocar el agua tibia en la jarrita medidora y disolver la levadura.
4. Agregar la levadura disuelta a lo anterior y unir todo hasta formar una masa lisa y suave. Abollar bien la masa.
5. Tapar la masa con un nailon y dejar levar durante 30 minutos.

Técnicas

Abollar: darle a la masa forma redonda realizando un movimiento circular sobre la mesada para que quede bien redonda, lisa y sin grietas.

Levar: dejar descansar la masa elaborada con levadura hasta que ésta adquiera el volumen necesario.

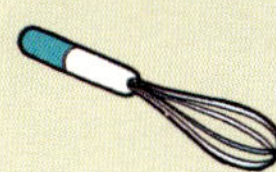

6. Estirar la masa en forma rectangular de ½ cm de espesor con el palo de amasar. Untarla levemente con el membrillo derretido y luego espolvorear con el coco rallado. Doblar al medio y cortar 2 tiras de igual medida.
7. Tomar cada tira y cerrarle bien los bordes, enrollando la masa como si fuera un chorizo para que no se escape el relleno.
8. Entrelazar las 2 tiras en forma de trenza y cerrarlas formando un círculo.
9. Pintar la rosca con huevo batido y dejar fermentar al doble de su volumen.
10. Decorar con la manga rellena con crema pastelera y espolvorear con azúcar grana. Cocinar en horno moderado durante 25 a 30 minutos aproximadamente.

Crema pastelera

1. Mezclar bien (con batidor de alambre) el azúcar, los huevos, la harina y el almidón de maíz en un bols.
2. Hervir la leche en una cacerola chica, bajar el fuego y revolver con el batidor de alambre hasta espesar.
3. Retirar, saborizar con la esencia de vainilla y pasar a otra fuente para enfriar con papel film en contacto.

Supercopa creativa

4 a 6 copas aproximadamente

Utensilios:

Tabla para picar y cuchillo - Bols mediano - Bols pequeños, varios - Cuchara sopera - Batidora eléctrica - Manga sin pico - Cuchara - Copas de vidrio bien altas

Ingredientes:

- Frutillas frescas (bien limpias), 250 gramos
- Duraznos en almíbar escurridos, 1 lata
- Dulce de leche repostero, 500 gramos
- Crema chantilly, 250 cm³ de crema de leche batida con 2 cucharadas y media de azúcar
- Merenguitos partidos, cantidad necesaria
- Trocitos de chocolate o chips de chocolates blanco y negro

Para el merengue:

- 3 claras batidas con 150 gramos de azúcar

Procedimientos

1. Cortar las frutillas frescas y limpias en pedacitos pequeños y reservar. Hacer lo mismo con los duraznos en almíbar y también reservarlos en otro bols.
2. Preparar los trocitos de chocolate y los merengues partidos en distintos bols y en una manga sin pico, el dulce de leche repostero. Reservar.
3. Batir la crema con el azúcar a punto chantilly y reservar en la heladera hasta el momento de utilizarla.

Técnicas

Punto chantilly: batir la crema hasta que tome consistencia y se puedan formar picos.

Claras batidas a nieve: batir las claras hasta que estén bien blancas y consistentes y formen picos duros que al dar vuelta el bols hacia abajo no se caigan.

4. Colocar los ingredientes en capas en las copas de vidrio en el siguiente orden: merenguitos partidos, pedacitos de frutilla, crema chantilly, cubitos de duraznos, trocitos de chocolate, frutillas y, por último, dulce de leche.

5. Batir las claras con el azúcar a punto nieve para realizar el merengue y colocar un buen copo de merengue encima de cada copa terminada.

Otras ideas para decorar

- Dorar los copos de merengue con un soplete o espolvorear con granas de chocolate o alguna salsa de chocolate, caramelo o frutillas.
- Espolvorear con merengues partidos bien pequeñitos y por encima hilos de salsa de chocolate.
- ¡Armar rápidamente este postre utilizando los ingredientes que hay en la heladera con creatividad!

Tacos party

Para 6 personas

Utensilios:

Cacerola chica - Bols - Cuchillo - Tabla para picar - Cuchara sopera - Rallador - Fuente para horno - Cuchara de madera

Ingredientes:

- Tacos, 18 unidades
- Carne picada especial, ½ kilo
- Cebollas grandes picadas, 2
- Aceite de oliva, 4 cucharadas
- Sal, cantidad necesaria
- Tomates peritas cortados en cubitos pequeños, 4
- Morrón rojo grande cortado en cubitos pequeños, ½
- Morrón verde grande cortado en cubitos pequeños, ½
- Aceitunas verdes picadas, a gusto
- Lechuga cortada bien finita (opcional)
- Queso rallado grueso, 150 gramos
- Aceite de oliva extra para condimentar, cantidad necesaria

Procedimientos

1. Precalentar el horno. Colocar los tacos en una fuente para hornear y cocinarlos en horno moderado durante 4 a 5 minutos hasta que estén crujientes. Reservar.
2. Calentar el aceite en la cacerola y agregar la cebolla picada chiquita rehogando hasta que esté transparente.

3. Incorporar a continuación, la carne picada, la sal y revolver con cuchara de madera (golpeando para que no se formen trozos grandes de carne) hasta cocinar.

4. Una vez listo, pasar la preparación a una fuente y agregar las aceitunas picadas y mezclar bien todo.

5. Cortar los tomates, los morrones rojo y verde en cubitos pequeños y mezclar dentro del bols. Condimentar con aceite de oliva y sal. Reservar.

6. Rellenar los tacos crujientes con la carne picada cocida y colocar encima las verduras en cubitos ya condimentadas con la ayuda de una cuchara.

7. Espolvorear con el queso rallado grueso y servir inmediatamente.

Torta fácil de manzana

8 porciones aproximadamente

Utensilios:

Bols - Cucharita de té - Cuchara sopera - Tabla y cuchillo - Pincel - Molde redondo desmoldable de 20 cm de diámetro

Ingredientes:

- Manzanas verdes grandes, 3
- Harina 0000, 250 gramos
- Azúcar, 150 gramos
- Manteca, 100 gramos
- Huevos, 2
- Polvo de hornear, 1 cucharadita
- Leche, 200 cm^3
- Azúcar común, 7 cucharadas
- Manteca y harina adicional, para enmantecar y enharinar

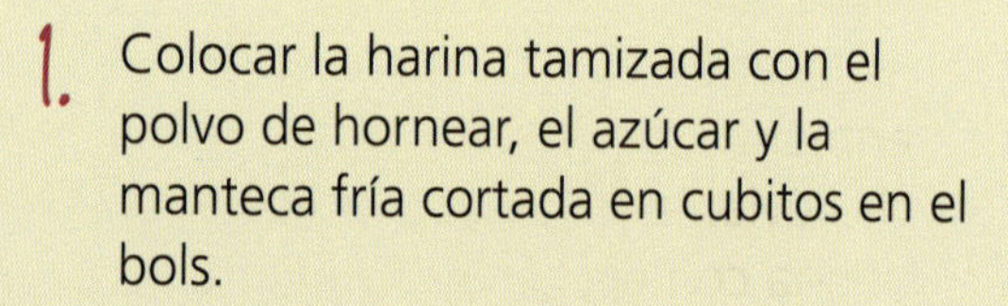

Procedimientos

1. Colocar la harina tamizada con el polvo de hornear, el azúcar y la manteca fría cortada en cubitos en el bols.
2. Trabajar los ingredientes con la punta de los dedos hasta que quede como una arenilla. Reservar.
3. Cortar las manzanas en rodajas finas. Reservar.

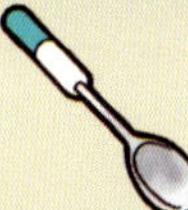

4. Colocar en el molde previamente enmantecado y enharinado, en forma de lluvia, la mitad de la mezcla de la harina con el azúcar y la manteca, sin apretar mucho contra el fondo. Reservar la otra mitad.

5. Acomodar las manzanas cortadas finitas y, por último, la otra mitad de la mezcla reservada, de la misma forma que anteriormente.

6. Batir los dos huevos y agregarle la leche. Volcar con cuidado este líquido sobre la superficie de la torta y espolvorear por encima las siete cucharadas de azúcar.

7. Cocinar en horno moderado, durante 45 minutos aproximadamente, hasta que esté dorada.

8. Retirar del horno, enfriar y luego desmoldar.

Técnica

Tamizar: pasar por un colador con malla fina para quitar los grumos.

Torta negra de chocolate

35 porciones aproximadamente

Utensilios:

Bols - Batidora eléctrica - Batidor de alambre - Espátula de goma - Cuchara sopera - Cucharita de té - Cacerola chica - Cuchara de madera - Molde rectangular de 25 x 35 cm o molde con forma de flor (opcional)

Ingredientes:

- Harina leudante, 480 gramos
- Azúcar, 330 gramos
- Cacao dulce, 135 gramos
- Aceite de girasol, 175 cm^3
- Huevos, 3
- Bicarbonato de sodio, 1 cucharadita
- Sal, 1 pizca
- Agua hirviendo, 500 cm^3
- Miel, 2 cucharadas

Para la cobertura:

- Azúcar, 250 gramos
- Manteca, 3 cucharadas
- Cacao dulce, 4 cucharadas
- Agua, 5 cucharadas

Para la decoración:

- Granas multicolores (opcional)

Procedimientos

1. Batir los huevos en un bols y verter el aceite y la miel batiendo a velocidad baja hasta incorporar. Reservar.
2. Mezclar todos los ingredientes secos previamente tamizados en otro bols.
3. Incorporar los ingredientes secos al batido intercalando con el agua hirviendo de a chorritos. Batir a velocidad baja hasta incorporar todo.
4. Batir por último, a velocidad media hasta obtener una preparación bastante líquida y sin grumos. Luego volcar en el molde rectangular previamente enmantecado y enharinado.

Nota:
en caso de utilizar un molde con forma de flor o similar, usar la mitad de los ingredientes de la receta.

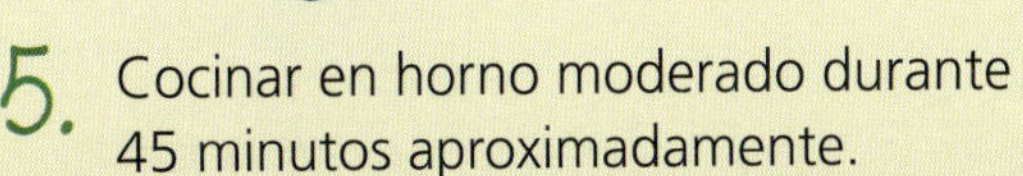

5. Cocinar en horno moderado durante 45 minutos aproximadamente.

6. Preparar la cobertura 5 minutos antes de retirar la torta del horno colocando todos los ingredientes en una cacerola chica y revolviendo con una cuchara de madera hasta que se forme un glasé de chocolate.

7. Retirar la torta del horno y cubrirla inmediatamente con la cobertura de chocolate. Espolvorear, por último con las granas multicolores.

8. Dejar enfriar y luego cortar en cuadrados de 5 cm.

Técnicas

Tamizar: pasar por un colador con malla fina para quitar los grumos.

Glasé de chocolate: cobertura de consistencia cremosa.

Tortillitas de papa sin huevo

Para 4 personas

Utensilios:

Bols - Cuchara sopera - Fuente mediana - Plato - Rallador - Sartén antiadherente de 16 cm o de 10 cm de diámetro

Ingredientes:

- Papas medianas, 2
- Cebollas medianas, 2
- Aceite de oliva, 4 cucharadas
- Sal y pimienta, cantidad necesaria
- Perejil fresco picado, cantidad necesaria
- Manteca para enmantecar, 50 gramos

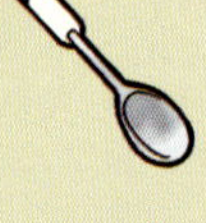

Procedimientos

1. Hervir las papas con cáscara a partir de agua fría 10 minutos aproximadamente (quedarán duras, no importa).
2. Retirar, pelar y rallar las papas gruesas (con los agujeros más grandes del rallador).
3. Colocarlas dentro de una fuente, salpimentar y reservar.

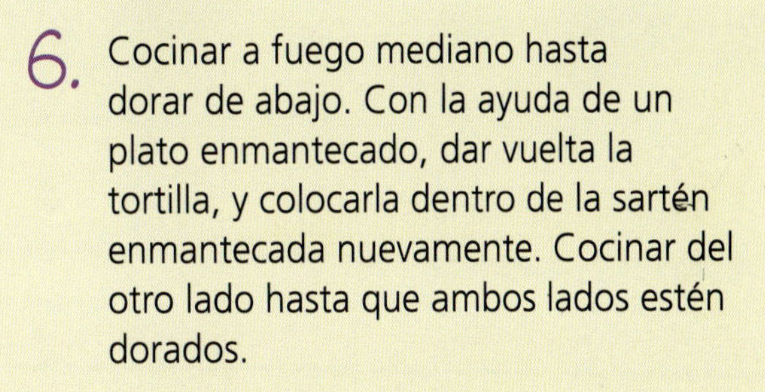

4. Cortar la cebolla finita y cocinar en una sartén con el aceite de oliva hasta que esté transparente. Condimentar con sal y reservar en un bols.

5. Derretir 1 cucharada sopera de manteca en la sartén y luego colocar una capa de papa rallada cubriendo el fondo de la sartén, luego una capa de cebolla, y por último, otra capa de papa rallada.

6. Cocinar a fuego mediano hasta dorar de abajo. Con la ayuda de un plato enmantecado, dar vuelta la tortilla, y colocarla dentro de la sartén enmantecada nuevamente. Cocinar del otro lado hasta que ambos lados estén dorados.

7. Retirar y ubicar la tortilla en un plato redondo. Adornar espolvoreando con perejil fresco picado.

Vainillas

15 o 16 vainillas aproximadamente

Utensilios:

Batidora eléctrica - Bols - Manga con pico liso, el más grande - Placa para vainillas - Pincel

Ingredientes:

- Claras, 4
- Azúcar común, 100 gramos
- Yemas, 4
- Harina tamizada 0000, 100 gramos
- Azúcar común adicional para espolvorear
- Esencia de vainilla, ½ tapita
- Manteca adicional, para enmantecar

Procedimientos

1. Batir las yemas con la mitad del azúcar y agregarle la esencia de vainilla.
2. En otro bols, batir las claras a punto nieve y luego agregar la otra mitad del azúcar. Continuar batiendo hasta incorporar bien.
3. Agregar las yemas a las claras de a poquito en forma de hilo y con movimientos envolventes.

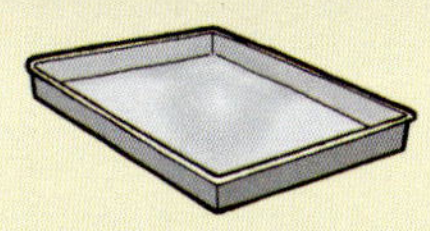

4. Por último, incorporar la harina tamizada también con movimientos envolventes y de a poco hasta que quede bien incorporada.

5. Colocar la mezcla dentro de la manga y sobre placa enmantecada generosamente, rellenar los bastones del molde. Espolvorearlos con el azúcar común.

6. Cocinar en horno moderado de 10 a 12 minutos. Retirar, enfriar y desmoldar.

Técnicas

Claras batidas a nieve: batir las claras hasta que estén bien blancas y consistentes y formen picos duros que al dar vuelta hacia abajo no se caigan.

Forma de hilo: incorporar un ingrediente a la preparación de a poquito y que vaya cayendo en forma muy fina, como si fuera un hilo.

Movimientos envolventes: realizar con una espátula de goma un movimiento envolvente, como si fuera una ola, para incorporar otro ingrediente y que no se baje el batido.

Tamizar: pasar por un colador con malla fina para quitar los grumos.

Ventanitas de frambuesa

21 ventanitas aproximadamente

Utensilios:

Bols - Cuchara de madera - Palo de amasar - Pincel - Papel film - Cuchillo para untar - Cortante redondo de 6 cm de diámetro - Cortante adicional pequeño para realizar los centros (en caso de no tener, utilizar un pico redondo y liso de la manga pastelera)

Ingredientes:

Para la masa:

- Manteca, 150 gramos
- Azúcar impalpable, 125 gramos
- Huevo, 1
- Ralladura de limón, ¼
- Esencia de vainilla, ½ tapita
- Harina 0000, 300 gramos
- Sal, 1 pizca
- Polvo de hornear, 1 pizca

Para rellenar y espolvorear:

- Mermelada de frambuesa, 300 gramos
- Azúcar impalpable, 100 gramos

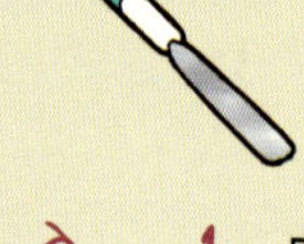

Procedimientos

1. Para la masa, batir el azúcar con la manteca y la ralladura de limón en el bols con la cuchara de madera hasta obtener una crema.

2. Incorporar el huevo y continuar mezclando hasta integrar bien.

3. Agregar la esencia de vainilla.

4. Por último, incorporar la harina previamente tamizada y mezclada con la pizca de polvo de hornear y la pizca de sal.

Técnica

Tamizar: pasar por un colador con malla fina para quitar los grumos.

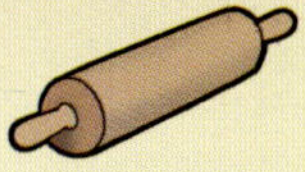

5. Unir todo de afuera hacia adentro con la cuchara de madera hasta formar una masa.

6. Envolver con papel film y enfriar en la heladera durante 1 hora.

7. Para realizar las ventanitas retirar la masa del frío y amasar un poco para que el frío esté parejo en toda la masa.

8. Estirar sobre mesada enharinada dejándola de 2 mm de espesor y cortar con el cortante circular. Reservar la mitad de las piezas cortadas para las bases.

9. Hacer las tapas con la otra mitad de masa realizando otro círculo en el centro con el cortante más pequeño.

10. Cocinar las bases y las tapas sobre placas enmantecadas en horno moderado durante 8 a 10 minutos aproximadamente.

11. Retirar, enfriar y untar las bases con la mermelada de frambuesa. Espolvorear las tapas previamente con el azúcar impalpable y luego colocar cada tapa sobre cada una de las bases untadas.

Índice de las recetas